腾讯人力资源
管理法

李煜萍 / 著

中华工商联合出版社

图书在版编目（CIP）数据

腾讯人力资源管理法/李煜萍著.—北京：中华工商联合出版社，2021.7

ISBN 978-7-5158-3060-5

Ⅰ.①腾⋯ Ⅱ.①李⋯ Ⅲ.①网络公司－企业管理－人力资源管理－经验－中国 Ⅳ.①F279.244.4

中国版本图书馆CIP数据核字（2021）第142203号

腾讯人力资源管理法

作　　者	李煜萍
出 品 人	李　梁
责任编辑	傅德华　楼燕青
封面设计	鸿蒙诚品
责任审读	郭敬梅
责任印制	迈致红
出版发行	中华工商联合出版社有限责任公司
印　　刷	三河市华晨印务有限公司
版　　次	2021年11月第1版
印　　次	2021年11月第1次印刷
开　　本	880mm×1230mm　1/32
字　　数	232千字
印　　张	10
书　　号	ISBN 978-7-5158-3060-5
定　　价	59.80元

服务热线：010-58301130
销售热线：010-58302813
地址邮编：北京市西城区西环广场A座
　　　　　19-20层，100044
Http：//www.chgslcbs.cn
E-mail：cicap1202@sina.com（营销中心）
E-mail：gslzbs@sina.com（总编室）

工商联版图书
版权所有　盗版必究

凡本社图书出现印装质量问题，请与印务部联系。

联系电话：010-58302915

序 一

腾讯人力资源管理的华丽变身

  腾讯作为中国的互联网综合服务提供商之一，于1998年11月由马化腾等五位创始人共同创立，腾讯这20年来的发展可以用"超速"来形容。腾讯2004年6月于香港成功上市。2016年9月，腾讯股价开盘后持续大涨，成为亚洲市值最高的公司。腾讯用近二十年的时间实现了从创业公司到市值亚洲第一的华丽蜕变，缔造了一个又一个商业传奇。

  其实，腾讯能够拥有今天的成就，也遭遇过不少的竞争与挑战，也经历过资金短缺，甚至要将QQ出售的艰难岁月。然而，历史最终还是选择了腾讯，让腾讯留了下来。腾讯之所以成功，有很多因素，其中有一点要归功于腾讯卓越有效的人力资源管理。人力资源是腾讯的隐形竞争力，是腾讯最有价值的资源，也是腾讯的第一财富。正如腾讯创始人马化腾所说的："我面临的最大挑战就是人才奇缺，我们一直很欢迎优秀的人才加入我们，大家一起闯一番事业。"在腾讯，马化腾不仅是首席执行官，还是腾讯人力资源执行委员会负人，腾讯体现出了自上而下对人力资源工作的高度重视。

回顾腾讯的发展之路，实际上，腾讯在创立后很长的一段时间里，并没有设置独立的人力资源管理部门，但是人力资源的管理工作一直在进行着。到 2003 年，腾讯才正式成立人力资源部，并开始向业务部门派出 HR 工作人员，为业务部门提供专业的、灵活的人力资源服务。腾讯的经营理念"一切以用户价值为依归"，也一直影响并指导着人力资源管理工作的开展。在 2010 年 3 月，腾讯借助国际盛行的 HR 三支柱模式正式提出建立人力资源专家中心（COE）、人力资源业务合作伙伴（HRBP）和人力资源共享服务中心（SSC）的 HR 三支柱组织架构，进一步强化了腾讯以用户价值为导向的人力资源管理组织结构，为腾讯的稳定发展奠定基础。

腾讯作为互联网行业的"领头羊"，始终将用户的体验与感受放在首位，并试图把人力资源管理工作通过企业的产品思维进行结合与实现，努力把腾讯打造成一个值得大众所信赖的企业。随着腾讯的发展，人力资源管理工作也在不断地调整与优化，以适应腾讯的高速发展以及人员的不断增加。腾讯人力资源就是这样一步一步管理起一支高水准、高素质的队伍，并带领着这支队伍不断前进，为腾讯创造了一次又一次的成功。

腾讯的人力资源管理是在不断摸索和探寻中逐渐形成的，经历了无数的挑战、竞争与困难，才成就了今天的腾讯。但是，无论过去还是未来，腾讯的人力资源管理都有很多值得借鉴和学习的地方。

本书对人力资源管理进行了全面解读，让大家真正明白如何做好人力资源管理，内容涵盖腾讯人力资源管理理念、腾讯 HR 三支柱模式、腾讯的薪酬政策、腾讯的员工激励法则、腾讯的员工招聘与日常管理、腾讯的绩效管理、腾讯员工创新管理与职业发展等方面。本书具有很强的总结性,能够为初创业者和有志于从事人力资源管理行业的人提供丰富的、可借鉴的管理经验,也能够为企业管理者和人力资源管理研究者提供一些有价值的参考信息。

序二

腾讯组织架构调整背后的秘密

随着人力资源管理活动的战略作用和地位的不断增强，越来越多的企业开始重视人力资源管理工作。这些年来，腾讯的发展非常快，业务产品不断增加，人员总数快速上升，人力资源管理发挥了其优势，不断帮助腾讯进行组织架构的调整，以适应腾讯的高速发展。这几年，腾讯在人力资源管理方面一直是业界翘楚，对于国内一些公司的人力资源管理起着重要的引领作用。

创立之初，腾讯并没有人力资源管理部门。到2003年，腾讯才逐渐建立起人力资源管理部门。2005年，腾讯的员工已经突破2000人。随着规模的不断壮大，腾讯也出现了一些企业的"毛病"。如何克服这些"毛病"？如何使腾讯能够在互联网企业中站住脚？如何使人力资源管理工作更加优化？……这些成为腾讯需要思考的问题。

2005年，腾讯进行了组织架构的大调整，在腾讯内部造成了重大的影响。腾讯的组织架构划分为八个序列，分别由五个业务部门和三个服务支持部门组成。当时，为了应对移动梦网业务整顿造成的收入锐减,在维持梦网业务不变的前提下,把投资、QQ、游戏、门户等尚未完全成熟的业务全部切开,让其各自发展。这是腾讯第一次将人与业务联合起来,在充分考虑人才技能的基础上,通过组织架构的调整将优秀的人才放在合适的专业领域进行培养与发展,充分发挥和优化了人力资源管理的工作。也正是这个组织架构的调整,才成就了腾讯此后六七年的高速发展。

2012年5月18日,腾讯CEO马化腾将一封名为《拥抱变革、迎接未来》的邮件发给全体员工,宣布对企业的组织架构进行调整。这是腾讯时隔七年进行的又一次调整,腾讯的人员规模已经是原来的七倍,而且后期还会有更多的人员加入,这给腾讯的人力资源管理带来无数的问题。腾讯需要在人力资源体系上进行组织变革,不断增强员工的技能素质和强大的人力资源体系。

2018年9月,腾讯再次对组织架构进行调整,将原有的七大事业群调整为六大事业群。这次组织架构的调整,人力资源管理部还特意成立了技术委员会,实现内部分布式开源协同,加强基础研发,打造具有腾讯特色的技术中台等一系列措施,说到底就是要不断增强腾讯的人才力量,让腾讯人以创新创业精神、开放合作的心态与内外部团队及合作伙伴一起,为用户和社会提供更好的产品和服务。这是腾讯由消费互联网向产业互联网的进化,是腾讯源于组织内外环境以及业务发展战略改变。

其实,腾讯这三次组织架构的大调整,不外乎一点——"人"。"人"一直是腾讯在思考的重要命题。它不仅在产品方面有"一切以用户价值为依归"的理念,人力资源管理部门在招人、用人方面也体现出人本的价值观。在腾讯管理理念中,最重要的一条就是关心员工成长。腾讯高级副总裁、人力资源负责人奚丹说，"人不是雇员，也不是生产力，而是腾讯最有价值的资源，是腾讯的第一财富。"为了使员工能够心甘情愿地留下来，腾讯人力资源管理部门也想尽办法，例如华丽的薪酬体系、"安居计划"、股权激励、双通道发展体系、腾讯学院的设立等。因为对于腾讯来说，人是企业最重要的部分，优秀的人才能够帮助企业更好地发展。近几年，腾讯在人力资源管理方面的投入更多，例如20%的晋升机会给年轻人，给腾讯不断注入新的"血液"与"活力"。

近二十年来，经过不断的探索和研究，以及组织结构的调整，腾讯形成了一整套极具特色的人力资源管理法，这是一笔宝贵的财富，对任何企业来说，都很有借鉴意义。

目 录

第一篇
腾讯人力资源管理的基本框架

第1章
腾讯人力资源发展的三个阶段　/003

建立期（1999~2003年）　/005

发展转型期（2003~2009年）　/006

新型组织结构建立期（2009年至今）　/008

第 2 章
腾讯人力资源管理理念　／011

　　关心员工成长　／013

　　强化执行能力　／016

　　追求高效和谐　／019

　　平衡激励约束　／023

第 3 章
腾讯 HR 三支柱模式　／027

　　什么是 HR 三支柱　／029

　　腾讯人力资源专家中心（COE）　／032

　　腾讯人力资源业务合作伙伴（HRBP）　／036

　　腾讯人力资源共享交付中心（SDC）　／041

　　腾讯 HR 三支柱之间的关系　／045

第二篇
腾讯人力资源管理的基本方法

第4章
发钱：让员工获得巨大的实惠 / 051

华丽的薪酬体系 / 053

给力的"员工安居计划" / 058

让人眼红心热的福利补贴 / 060

慷慨的股权激励 / 064

第5章
晋升：让员工看到巨大的希望 / 069

双通道员工职业发展体系 / 071

基层干部培养："育龙计划"+"潜龙计划" / 075

中层干部培养："飞龙计划" / 076

青年英才计划：20% 晋升机会给年轻人 / 084

第6章
荣誉：让员工获得心理上的满足　/087

让员工参与　/089

尊重员工　/092

为员工带头示范　/095

给予员工各种荣誉　/097

关心员工的工作和生活　/100

第三篇
腾讯的员工招聘和日常管理

第7章
员工招聘　/107

腾讯新员工招聘途径　/109

腾讯人才招聘流程　/111

"伯乐计划"：内推模式　/114

选才人品第一　/117

招聘"有梦想的实力派" / 120

腾讯高级人才管理策略 / 124

第 8 章
人员的日常管理 / 129

工作室创业模式 / 131

采用"人才活水"策略 / 133

干部不能做"富二代" / 139

让员工处于开放透明的沟通环境中 / 143

坚守《员工阳光行为准则》 / 145

第 9 章
腾讯绩效管理 / 149

绩效考核的五个等级 / 151

绩效考评的五个原则 / 152

考核内容：职位关键绩效指标 / 153

绩效考核的评定标准 / 155

员工对考核结果不认同时可以提出申诉 / 158

末位淘汰制度 / 160

第10章
腾讯员工创新管理 / 165

强化员工的危机感 / 167

鼓励员工良性竞争 / 169

灰度试错，敏捷迭代 / 173

进行"微创新" / 176

腾讯创新大赛 / 181

让创新系统化、机制化 / 187

最大的创新：微信的诞生 / 190

04
第四篇
腾讯人力资源管理的特色工具

第11章
腾讯各职位能力评定模型及标准 / 197

腾讯项目经理能力素质模型 / 199

腾讯产品经理能力素质模型 / 203

腾讯研发人员能力素质模型 /209
腾讯项目通道能力素质模型 /214
腾讯技术专业族职级评定标准 /232
腾讯市场族职级评定标准 /238

第12章
腾讯员工职业发展规划书 /247

腾讯基层干部职业领导力发展规划书 /249
腾讯市场族职业发展规划书 /251
腾讯技术和专业族职业发展规划书 /267
腾讯秘书职业发展规划书 /282
腾讯员工职业发展规划书填写指南 /294

第一篇

腾讯人力资源管理的基本框架

人力资源部门的工作是保证企业长远发展的重要保障，对一个企业的发展现状和未来趋势都会产生重要的影响。腾讯在人力资源管理方面一直被业界所称赞，给国内外企业提供了很多借鉴之处。下面通过对腾讯人力资源发展的三个阶段、腾讯人力资源的管理理念以及腾讯 HR 三支柱模式的阐述，让人们更好地了解腾讯人力资源管理的基本框架。

第 1 章
CHAPTER 1

腾讯人力资源发展的三个阶段

腾讯的发展可以用"超速"来形容,随着人员的不断增加,给人力资源管理带来了前所未有的挑战,也促使其不断地变革与突破。下面通过对腾讯人力资源发展的三个主要阶段进行阐述,让大家对腾讯人力资源管理的发展轨迹有一个清晰的认识。

建立期（1999～2003年）

1999年，腾讯公司成立。由于当时员工人数比较少，人力资源管理职能还较为简单，公司内部没有设置独立的人力资源管理部门，由腾讯创始人之一陈一丹来全面负责人力资源、行政和法律的工作。

2001年，腾讯的人力资源管理工作仍与财务部门、行政部门统一称为财务行政人事部，公司人力资源管理还不完善。当时，人力资源管理的主要工作内容是负责招聘员工和进行内部审计。

2002年，腾讯的员工人数达到200多人，公司的行政职能从原来的财务行政人事部分离出来，财务和人力资源管理仍然保留，改称为财务人事部。在这一时期，腾讯整体的规模还不是很大，公司主要面临业务上的压力，人力资源管理也多是传统的事务性工作。

2003年，腾讯的员工人数急剧上升，人力资源管理工作越来越重要，于是，腾讯正式成立人力资源部，人力资源管理职能正式独立出来。当时，人力资源部的人数非常少，只有7~8名员工。尽管腾讯这时候的人力资源管理制度等各方面还不够完善，但是"员工是企业第一财富"的管理观念渐渐深入人心。

总的来说，1999~2003年这个阶段属于腾讯公司人力资源建立初期，公司逐渐建立起来人力资源部和独立的人力资源管理体系，人力资源管理的工作主要包括员工招聘、职业培训、薪酬福利、绩效考核等职能型工作，HR 主要担任职能专家和行政专家的角色，较为单一。总体上，这个时期的人力资源管理组织结构是以职能为导向的，但是管理理念中已经出现了客户价值导向的理念与思想的萌芽，为后期人力资源管理的发展奠定了基础。

发展转型期（2003~2009 年）

2004 年 6 月，腾讯在香港联合交易所主板正式挂牌，成为一家上市公司。此后，腾讯的发展不断加快，员工队伍也迅速壮大，给人力资源管理带来了一定的挑战。

2005 年，腾讯的员工人数已经突破 2000 人。如何在员工数量猛增的情况下保持原有企业文化不被冲淡，成为人力资源管理工作中需要面临的一个问题。为此，腾讯人力资源部牵头做了一些企业文化宣传和引导的项目，腾讯公司也提出了四句管理理念："关心员工成长，强化执行能力，追求高效和谐，平衡激励约束。"同时，腾讯 CEO 马化腾提出了"在线生活"的新战略主张，在组织结构和人才结构上进行了重大的调整。刘炽平、熊明华等一批在跨国公司服务过的高级管理人员进入了腾讯决策层，他们为腾讯提供了规范化的运营理念和管理策略，重塑了腾讯早期充满了草根创业气息的人才结构，此举在腾讯内部掀起了巨大的波澜。

2006 年，腾讯的员工人数已经接近 3000 人，公司在员工管理上出现人才急缺的问题。腾讯不仅需要加强干部的管理培养，还迫切需要根据企业的经营战略需求来全方位地培养和发展员工，这对人力资源管理部的员工培训工作提出了更高的要求。

2007年9月，腾讯成立了中国互联网行业的第一所企业大学——腾讯学院，以培养更多优秀人才为核心目标，致力于搭建一个具有腾讯特色的学习型组织。

2008年，企业文化与员工关系部成立，致力于打造具有腾讯特色的企业文化。

2009年，腾讯的员工总人数超过6000人，公司层级也开始发生变化。以前分为三个层级，分别是员工层、部门经理层、高管层；随着员工的不断增加，在员工层和部门经理层之间增加了一个基层管理干部的层级，从而灵活、高效地支持一线业务单元的人力资源管理工作，减轻了人力资源管理部的压力。其间，人力资源BP（Bussiness Partner）团队也开始建立起来。

总的来说，2003~2009年这个阶段属于腾讯人力资源发展转型时期，以腾讯的企业文化为基础建立了管理委员会和腾讯学院。腾讯在发展的过程中开始面临着企业文化被稀释，人才储备和人才培养跟不上企业发展等管理问题，为此，腾讯专门成立文化管理委员会和腾讯学院，逐步建立起员工职业发展和培训体系，人力资源管理工作的重点转到员工发展与成长、管理干部培养上来，为了促进企业文化的优化与变革，扮演战略执行者、员工激励者、人才培养师的角色。公司对优化和增强人力资源管理的要求不断增强，人力资源管理的职能与角色不断显现出来，战略性角色和员工合作伙伴角色也开始显现，腾讯人力资源管理逐渐趋于成熟。

新型组织结构建立期（2009年至今）

2010年，腾讯正式提出要建立HR三支柱：人力资源共享服务中心（SSC）、人力资源专家中心（COE）、人力资源业务合作伙伴（HRBP）。其中，腾讯COE最为重要。它的主要职责是做好招聘管理、组织发展管理、员工关系管理、薪酬福利管理、绩效管理、企业文化管理等；负责人力资源前瞻性的研究；规划人力资源战略；制定人力资源制度和政策；参与并解读企业战略，对接企业战略；作为智囊团，提供人力资源专家支持。腾讯HRBP的主要职责是管理好公司内部员工，即根据员工的需求提供人力资源的专业知识的分析和支持，协助各业务部门负责人以及管理干部做好员工发展、发掘人才、梳理需求、培养能力、整合资源等方面的工作，帮助各业务部门各级干部培养和发展人力资源管理能力，并协助各业务部门开展人力资源管理工作。腾讯SSC是处于COE和HRBP之间的一个承接性的支柱，主要职责是为各个事业群内部员工提供统一的专业化和标准化服务，从而达到整合资源、降低成本和提高工作效率的目的。

2011年，腾讯更是把管理聚焦于人，新的管理理念只有一条——关心员工成长，给予员工无所不至的"关怀"。

2012年，腾讯人力资源体系在公司组织架构调整时，成功从原有的业务系统制升级为七大事业群制，七大事业群分别指微信事业群（WXG）、企业发展事业群（CDG）、互动娱乐事业群（IEG）、移动互联网事业群（MIG）、网络媒体事业群（OMG）、社交网络事业群（SNG）、技术工程事业群（TEG）。

2013年，COE企业文化部与隶属于COE人力资源部的员工关系中心合并为企业文化与员工关系部。

2014年，为了更好地为客户和用户提供端到端的交付服务，腾讯将SSC升级为SDC，至此形成了有腾讯特色的HR三支柱体系。

2015年，腾讯结合企业战略从人才和组织两个维度出发，制定了人力资源两大战略方向——保持人才攻防的绝对优势和提升组织活力，同时HR三支柱下的各个部门又根据人力资源战略制定全年关键目标，通过从组织到部门，再到个人的目标分解，推动企业战略的落地。

2017年8月，腾讯员工已经超过4万人，人力资源部不得不加强管理。

总的来说，从2009年至今，腾讯管理层级增加，业务扩大化，人力资源管理的需求呈现多元化和差异化，公司期望人力资源管理工作能够满足公司战略，推动组织结构的改变，提供专业快捷的人力资源服务，而HR三支柱的提出，正好满足了公司发展的需求，搭建起了客户价值导向的人力资源管理组织结构，在人力资源管理层面支撑腾讯的健康、快速发展。

第 2 章
CHAPTER 2
腾讯人力资源管理理念

在腾讯,一直坚持关心员工成长、强化执行能力、追求高效和谐和平衡激励约束的管理理念。正是拥有站在员工角度思考的人力资源管理理念,才留住了无数员工的"心",使腾讯公司有了稳定而长远的发展。

关心员工成长

关心员工成长是企业持续发展的核心源泉。一个不给员工成长机会的企业其本身也难以持续发展下去，这就是所谓的给别人机会就是给自己机会。在企业里，员工的个人发展与企业的业务发展是紧密相连的，两者建立起和谐的雇佣关系，让员工在体会工作乐趣的同时，与企业共同成长，共同进步。

员工在企业中除了关注经济方面的因素之外，更为关注的就是自身的成长以及工作中的环境氛围。马化腾曾说过："员工是腾讯最宝贵的财富。一直以来，公司都希望大家能在腾讯这个大家庭中快乐工作、安居乐业。"马化腾还说，"对于腾讯来说，业务和资金都不是最重要的。业务可以拓展，可以更换，资金可以吸收，可以调整，而人才却是最不可轻易替代的，是腾讯最宝贵的财富。事实上，多年从业的经验告诉我，最关键还是人才的培养，一个企业未来能走多远、产品能够为用户创造多大的价值，都体现在对员工和骨干梯队的人才培养上。"因此，在腾讯的管理理念中有一条重要原则，就是"关心员工成长"，在腾讯公司内部有关的文件中，是这样解释"关心员工成长"这一原则的：

第一，重视员工的个人兴趣发展和专长特点，以良好的工作条件、完善的员工培训计划以及职业生涯通道设计，促进员工的个人职业发展，让员工更好地发挥自己的优势。例如，为了便于员工上下班，截至2017年，腾讯在深圳市运营370条班车线路，覆盖全市1000多个站点，早上6点到9点、晚上6点到10点持续运营，每天接送上万人次上下班，规模相当于一个一般城市的公交系统，尽可能减少员工上下班的交通难题，改善员工的工作条件需求。腾讯还为员工发展提供职业晋升双通道和丰富多彩的培训项目。除此之外，腾讯还给予员工股票期权，提高了员工的主人翁意识，促进了企业与员工的和谐发展。

第二，重视企业文化管理，以和谐简单的人际关系、畅快透明的沟通方式以及严肃活泼的工作气氛为主，不断促进员工满意度的提高，使员工保持与企业同步成长的快乐。如果员工有好的创意项目，企业经过研讨认为可以实施，会给员工将创意变为现实的机会，同时还会对员工的创意给予鼓励和奖励。

第三，激发员工的潜能，在工作过程中，不断对员工进行引导和鼓励，使员工获得工作的成就感，让员工与企业共同成长。不断培养员工的付出意识，让员工能够为团队奉献智慧和勤奋，以团队的荣誉感成就个人的荣誉感。

关心员工成长就是为员工成长搭建平台，创造条件，建立促进员工成长发展的科学机制，给员工平等的竞争机会和晋升机会，为员工开辟施展才华的道路。企业通过各种方式，不断拓宽员工的发展空间，让员工看到自己广阔的发展前景，让员工感到命运掌握在自己手中，通过拼搏进取实现自己的人生价值。与此同时，员工的这种成就感也能激发出他们更大的工作热情，积极工作，自觉为团队奉献自身，从而不断推动企业持久发展。

关心员工成长最重要的就是要多了解员工的需求，多与员工进行沟通。有的员工不是不想进步，只是不知道自己应该怎样去努力，这时领导就要帮助员工理清头绪，定一个明确的目标，让员工朝着这个目标不断前进。同时，领导要学会用动态的眼光看待员工的成长。在员工成长过程中，难免会出现一些工作欠缺、考虑不到位的地方，领导一定不能一棍子将其打死，形成一种思维定式。也许一段时间后，员工通过自身的调整，工作情绪就会改变，工作效率也会随之提高。

对于腾讯这样一个年轻的、业务增长迅速的公司来说，在人力资源管理上，最突出的挑战就是：培训和管理员工与员工工作有冲突，甚至有时会被员工的直接领导给拦住了。这就迫使腾讯的人力资源部在培训和管理员工时，在不影响培训效果的同时，尽可能把节奏放快，即使是连续学习的时间也要尽可能缩短，让员工有更多的时间去投入工作。

腾讯人力资源总监奚丹曾表示，腾讯对待招募回来的人才，从不采取"用完就扔"和"钱才交换"的短视态度，而是致力于将每个员工培养成可长期发展的高素质人才，让员工和公司一起成长。相比采用高薪挖来"空降兵"的方式，腾讯更倾向于通过将多年沉淀的知识和经验传授给所有乐于学习的员工，培养出能承担更重要责任的内部优秀人才。同时，腾讯也是一个务实的高绩效导向的公司，推崇高水准的专业人才。他们是腾讯的核心竞争力之一，在腾讯不仅能获得很好的发展，同时也享有很高的地位。与此同时，腾讯非常重视对高校人才的前期培养，仅2011年就投入上亿元前期资金，与清华等众多高校共同打造校企合作开放平台，联合培养高级人才。归根结底，不管是薪酬回报、发展前景还是内部环境，吸引和留住人才的最好方法就是把企业做得越来越好。企业在谈论薪酬和招聘时，应该明白企业与员工之间不仅是一份能赚多少钱的工作的问题，而是一项值不值得为之持续奋斗的事业。当事业做大做强，个人职业生涯自然也会取得丰厚回报。人才竞争力与企业文化、工作氛围和员工素质等多方面都有联系，人才竞争的实质是企业体制和制度的竞争，企业想要实施人才强企战略，关键在于人才制度的建立和完善，说到底就是注重员工的成长。

腾讯的管理理念就是关注员工成长，是希望员工与企业共同努力，共同进步。同时，腾讯也希望能够将员工培养成优秀的人才，为腾讯所用。

强化执行能力

强化执行能力是腾讯人力资源管理理念之一。再好的企业战略，没有好的执行就会成为空谈。强力执行是腾讯在人力资源管理上的核心原则之一。腾讯能够拥有良好的执行力，主要依靠优秀的管理机制、规范的企业制度、精诚的团队合作、有效的股权激励、感人的榜样，但最重要的，是依靠每一位员工对腾讯公司的热爱和对工作的负责任态度。在腾讯，只要是决定好要做的项目一定会果断地去执行，而且在项目执行的过程中善于总结，不断完善员工的执行能力。

执行力不足向来是困扰不少企业的难题，也是企业发展过程中的一块绊脚石。

其实，导致执行力低下的原因无外乎这样几条：第一，决策或管理层无法向团队传达明确清晰的目标，导致做决策的效率低；第二，需要执行的事情难度较高，员工不知从何入手；第三，员工对目标或任务的重要性理解不到位，或是缺乏相应的激励或考核机制，或是员工本身对工作的接受程度不高，或是员工的行动欲望、激情与动力不足；第四，团队越大、公司越大，沟通的成本也就越高，在无形中导致决策低下，无法带来实际的执行能力。

想要解决这个问题，就需要人力资源部自上而下进行干预管理。

首先，决策层与管理高层的敬业度和执着精神是企业得以生存的基础。腾讯员工曾在网络上这样记录：

腾讯产品经理@朱小草：一天早上到公司后，发现Pony（马化腾的英文名）在凌晨4点半发了邮件。总裁在第二天的10点回了邮件，VP的跟进时间是10点半。12点，几个总经理（在腾讯相当于中层）回复了讨论结果。下午3点定下技术方案，晚上10点，产品经理发出了项目的进度和时间安排，这个循环是18小时。

前腾讯人@焕德：我被腾讯对体验的追求，以及它从用户角度出发的坚持所吸引。

前腾讯人@和菜头：他（Pony）过了一阵子回了一封长信过来：第一段里告诫我，在腾讯不允许说什么事情在技术上做不到。然后，他在信中列举了三四个部门里的Html（超文本标记语言）高手，列出他们的名字和GM姓名，要求直接去联络他们，请求他们给予技术上的支持。Pony的邮件一般在凌晨3点后到达，到早上7点左右停止。9点上班，如果项目很重要，Tony（张志东的英文名）会在白天跟进，反复在RTX上讨论，或给邮件，傍晚会召开会议讨论总结。然后，晚上9点多可以到家吃饭、洗澡。睡一会儿，3点左右，Pony的邮件会来，往来讨论到7点左右。休息两个小时，9点开始，Tony在线上等你……

在腾讯的大家庭里，创始人和高管都是非常热爱互联网产品和技术的人，他们也是团队中最勤奋的。这对于一个企业来说，决策的效率越高，对用户反馈和产品改进的执行力度的关注程度就越高，对企业的规划决心就越强，那么，他们就会在企业中形成表率作用，影响着每一位员工，让员工以此为榜样，不断提高执行能力。

其次，腾讯在文化和制度上都切实地强化着员工对产品和用户体验的关注度，通过专业度与质量主导腾讯的企业文化。腾讯所吸引的人才，基本是热爱互联网产品和技术，然后通过完善的导师制度和晋升考核方式，让他们保持执行欲望和动力充沛。在网上，常常能见到腾讯高管对多个产品的用户进行反馈，并给予高度重视，而这种关注度并不局限于最重要的那几项产品上。

在腾讯内部拥有由经验丰富的高素质产品人员组成的质量监控小组，并赋予其很大的监控权力和规范所有产品项目的权利，并用KPI（关键绩效指标）来制约产品项目服从这些规范。腾讯的很多规范在立项之初会由项目经理和监控小组共同确认后才执行，而且在执行的过程中会受到严格监控，以确保这些规范不仅限于口号。除此之外，腾讯公司的高层不定期巡查每一个产品论坛，一旦发现有不认真回复用户的情况，就会予以训诫，以确保产品人员和用户之间存在长期且近距离的接触。

再次，通过内部分享与经验管理机制形成技术支持，减少了"员工不知道怎么解决问题"的情况，有效地提高了执行能力。腾讯每周都会举行富有含金量的产品交流会、技术分享会以及培训会，不少内容会录制成视频供员工长期学习。在腾讯，有一个 e-learning 系统，其主要包含四大板块的内容：一是企业高层的重要讲话和政策；二是职业素质和职业技能方面的课程，比如压力管理、时间管理、员工相处、商务礼仪等；三是引进的课程，比如《哈佛商业导师》；四是每两周一次的两三个小时的"腾讯大讲堂"，邀请不同领域的技术专家来讲解腾讯的产品、技术、研发以及对部分成功产品研发过程的分析。

最后，需要说明的一点是，对于腾讯来说，其与大多数企业一样存在沟通成本。但是腾讯能够运用高层的重视、决策的高效和群体性的勤奋，使得腾讯的沟通成本降低，而员工的执行能力也能提高。

所以，想要真正强化执行能力，需要企业日复一日、年复一年的坚持，并坚持正确的人力资源管理理念，这也是腾讯能够保证高执行力的关键。

追求高效和谐

追求高效和谐的管理，是企业管理中最核心的问题，也是最难做到、最难做好的管理问题。"时间就是金钱，效率就是生命"的口号众人皆知，也有很多的企业在努力追求，以做到高效管理。但是，真正能实现高效管理的企业实在不多。大多数的企业处于低效运转的状态，最终逃脱不了在激烈的竞争中被淘汰的结局。

在腾讯，追求高效和谐是其重要的管理理念之一。随着企业规模的逐渐扩大，腾讯形成了规范、高效、和谐的管理机制，有力地保证了企业系统运作效率的正常；在企业发展的不同阶段和业务变化，采用了动态优化企业的管理，形成和谐有序的内部环境；在高效与和谐的环境下，坚持结果导向的管理原则，有效地支持了企业经营目标的实现。"具体而言，普通员工是 HR 的大客户，HR 既是员工的服务者又是专业支持者，帮助他们不断成长进步。"对于这一管理理念，腾讯人力资源总监陈菲说，"干部和老板也是 HR 的客户，HR 的作用是帮助各级领导打造优秀文化、建立高效组织和形成顺畅流程，同时 HR 充分理解业务，根据业务发展情况提供针对性的人力资源综合解决方案。"

通过追求高效和谐，腾讯获得了巨大的成功。那么，如何具体做到这一点呢？

1. 营造积极向上的人力资源管理环境和工作氛围

对于很多企业来说，人力资源管理一定是具备良性的和激励的机制，而不是控制的、压抑的环境。所以，HR 一定要像腾讯一样，结合企业的特性与组织目标，善于营造一个积极向上的人力资源管理环境和氛围，激活人力资源管理，为员工营造一个良好、轻松、积极向上的工作环境，不断驱动员工拥有积极的工作心态和动机，将员工往好的、良性的方向引导和发展，给予员工不断展现自我才能的机会，帮助员工实现个人发展目标，激发员工的工作积极性、主动性和创造性，调动员工的工作热情，进而促进员工不断提高生产效率和工作能力。

2. 构建人性化管理的平台和分配激励机制

员工是企业生产行为的承载者和实现者，员工的工作状态和工作质量是决定企业生存与否的生命线。因此，人性化管理就是坚持以人为本。人是一切的根源，人是具有较强情感需求的高智商动物，对毫无人情味的残酷制度管理会产生较强的排斥情绪和逆反心理。因此，人性化管理能够提升人力资源管理的亲和力和感召力，进而大幅度提升员工对企业的向心力和归属感。在这一点上，腾讯做得非常好，各种人性化的措施以及丰厚的福利在业界是有名的。所以，在日常的人力资源管理过程中，HR需要根据个性化需求搭建一个良好的人力资源管理平台，在平台的基础上构建合理、科学的分配机制和激励机制、设计基于组织目标的人性化管理制度，这会对管理者和员工行为产生极大的影响和驱动力，尤其是表现在工作态度、工作表现力、工作满意度、工作动机和个人创造力等方面。

3. 坚持以结果和价值为导向的原则开展人力资源管理

简单来说，就是做具体某件事情所完成的结果如何？是完成了还是没有完成？做了某件事情完成得怎么样？能创造什么样的价值？如果没有创造价值，那么说明这个工作是劳民伤财、费时费力的。因此，在人力资源管理上要坚持以结果和价值为导向的原则，以终为始地开展人力资源管理工作，保证人力资源管理工作的有效性，创造实际的价值和结果。

4. 重视员工的可持续性发展

员工是企业经营目标的实现者。只有员工的工作能力实现可持续发展，才能够为企业经营提供高素质的劳动者，企业的经营目标才能够高质量地完成。在这方面，腾讯立足企业经营特点和员工的个体差异，为员工制定了岗位培训和业务发展的成长平台，如先进经验交流会、岗位技能培训、网络课程学习、外出培训等，为员工提供多方面的发展机会，不断提升员工的职业素养。

5. 用"数据"来衡量工作的完成情况

在信息技术高速发展的今天，大家都喜欢用数据说话。数据可以让人力资源管理工作被数据量化。在传统意义上的人力资源部门工作主要从事人力资源企业规划、招聘、培训、社保、员工发展、员工关系、绩效、薪酬福利等方面的工作，似乎平时看起来很多HR确实很忙，但企业交代的事项有没有落实？这些工作具体能够创造多少价值？每天工作的完成情况怎么样？……几乎很少有人能够说清楚。也就是说，人力资源管理的投入可以计量，但却无法用数据衡量产出，导致很多决策只能用经验和感觉来代替，无法用可靠的依据来支撑。而腾讯早已把大数据应用到人力资源管理中去了，在SDC内部成立了HR大数据团队，为企业人力资源管理提供支持。所以，在日常的人力资源管理工作中，HR要着眼于组织目标开展工作，用"数据"来检查自己的工作完成情况和结果，让人力资源管理能通过数据来反映，真正体现人力资源管理的价值。

因此，想要像腾讯公司一样实现稳定发展，就要在人力资源管理上追求高效和谐，避免被激烈的竞争所淘汰。

平衡激励约束

如何为企业员工营造满意的工作环境？如何提高企业员工的整体素质？如何提高企业吸引和培养人才的能力？如何增强企业组织持续学习的能力？如何实现企业目标和个人目标的统一？……这些都是企业需要通过建立有效的平衡激励约束机制才能解决的问题。在腾讯，平衡激励约束是人力资源管理理念之一，也是促使腾讯发展到今天的成功之道。

激励与约束是企业在人力资源管理中所面临的两个基本问题，激励主要是解决如何让员工尽心尽力工作的问题，约束主要是解决如何有效防止员工弄虚作假和损害企业行为的问题。简而言之，激励就是如何让员工不偷懒，努力做好自己的工作；约束就是如何让员工说真话，营造良好的沟通氛围。所以，腾讯一直坚持平衡激励与约束的人力资源管理理念，主要通过对员工的工作贡献和成果价值形成差异化的激励机制，有效激发员工的主观能动性和创造性；在大力推动员工了解制度，并在理解和认同的基础上，强化制度的有效实施，形成无形但有效的内部约束机制；在腾讯内部强调激励与约束相结合、保持平衡有度，为实现内部管理提供有力保障。

平衡激励与约束，有利于行为主体的行为选择向资产所有者的利益最大化靠拢。腾讯正是做好了激励与约束的平衡，使腾讯整体工作效率不断提高，使腾讯在激烈的市场竞争中能够取得竞争优势。也就是说，激励与约束的平衡是促使腾讯在不断变化的环境中获得生存与发展的必要因素。

激励是管理者利用员工所期望的给予员工以物质和精神上的满足，以刺激员工为企业的利益工作。一个企业拥有激励机制，能够让人力资源部门运用多种激励手段使之规范化和相对固定化。有效的激励机制会"自动"激励员工的行为，呈现出某种规律性，然后企业根据员工的工作贡献和成果价值，形成差异化的激励机制，有效激发员工的主观能动性和创造性。

约束则是运用法律、道德等手段对员工的个人欲望、追求以及行为进行约束。约束机制是根据企业经营目标、结果或者业绩等对约束员工各种行为的监督结果，约束主体（企业管理者）对约束客体（员工）做出适时、公正的奖惩决定，有利于在推动员工了解制度，并在理解和认同的基础上，强化制度的有效实施，形成无形但有效的内部约束机制。

激励和约束是一对既对立又统一的有机体，激励和约束要相结合、保持平衡有度，才能为企业内部管理提供有力保障，才能促进企业的健康发展。

想要做好平衡激励约束，要做好以下几点：

1. 建立健全人力资源管理制度

企业要根据自身的实际情况，结合行政事业单位的人事制度改革，建立健全企业员工分类、分级管理制度。根据企业需求设置业务部门、行政管理部门和岗位，重新制定各部门、各岗位的职责，科学合理地确定各部门、各岗位应配备人员的数量和技术水平要求，明确各部门、各岗位应完成的工作任务指标,通过量化考核和评价指标,完善人力资源的各项管理制度,使员工拥有奋斗目标。

2. 制定具有竞争力的收入分配方案

具有竞争力的员工收入分配方案是吸纳优秀人才、激励员工努力工作的重要条件。因此,在制定各级、各类人员的收入分配方案时,要本着尊重人才、尊重知识、优劳优酬的原则,拉开员工之间工资津贴等收入分配档次。在具体实施时,可以根据员工的工作年限、职称、岗位来确定固定工资,然后根据实际工作贡献确定绩效工资(活工资)。这样的分配方案,一方面,可以使工作贡献突出的人员得到应有的回报;另一方面,可以促进素质较低、责任心不强、工作贡献较少的人员不断地提高自身的综合素质,从而推动企业员工整体素质的提高。

3. 建立健全具有法律效力的约束机制

在建立约束机制时,要根据不同职业、不同级别进行综合考虑。对企业的负责人,可以采取委任、选任和聘任等多种任用方式。对于企业负责人,要经过相关行政主管部门考核确认,签订任期目标责任书,做好各部门定期考核目标监督工作,排除不可抗力因素外,要把工作成绩和目标完成情况作为是否续任的唯一标准。在企业内部,可实行逐级聘任、双向选择、公开竞争上岗,并签订合同,把人力资源管理纳入法制化轨道,这样就能够更好地约束员工。

4. 建立健全具有安全感的保障制度

完善的劳动保障制度是稳定员工工作心态、给予员工安全感、安定人力资源管理的重要措施。企业给员工办理失业保险、养老保险和医疗保险等，让员工在竞争中有强烈的紧迫感的同时，还能让员工感受到企业的关怀。完善和健全社会保障制度，有利于企业的稳定发展。

　　腾讯在平衡激励约束方面做得特别好，既留住了人才，又促进了企业的稳定发展。

第 3 章
CHAPTER 3

腾讯 HR 三支柱模式

为了适应企业的快速发展，腾讯于2010年3月正式提出建立人力资源专家中心（COE）、人力资源业务合作伙伴（HRBP）、人力资源共享服务中心（SSC）的HR三支柱组织架构的概念，形成了客户价值导向的人力资源管理组织结构。2014年，为了进一步将HR服务产品化，为客户、用户提供端到端的交付,腾讯将人力资源共享服务中心(SSC)升级为人力资源共享交付中心（SDC）。腾讯从HR的价值出发进行重新定位，确保人力资源部门在整个公司战略推进和落实的过程中成为可信赖的合作伙伴。通过重新定位，使HR三支柱模式更符合腾讯的发展，对腾讯的前瞻性牵引作用、体系支撑作用以及紧贴业务作用更加强大、有效。

什么是 HR 三支柱

HR 三支柱的概念最开始是由人力资源管理的开创者戴维·尤里奇（Dave Ulrich）在 1997 年时提出。戴维·尤里奇认为，人力资源部不仅仅是行政支持部门，不应把重心放在员工招聘或管理薪资福利等传统事务上，而是要把重心放在为企业创造价值上。也就是说，人力资源部存在的意义不在于做了多少事情，而在于能够为客户、投资者和员工提供多少有价值的服务，能够给企业带来怎样的成果，能够为企业创造多少价值。人力资源部的新使命要求人力资源工作者彻底变革自己的思维方式和行为方式，也促使企业高管将人力资源部门当作一项业务来投资与运营。

为此，戴维·尤里奇把 HR 职能从传统意义上的六大模块（人力资源规划、招聘与配置、培训与开发、薪酬福利管理、绩效管理和员工关系管理）划分为新的三支柱模型，赋予了 HR 三种角色，分别是 COE、HRBP、SSC。如图 3-1 所示：

```
客户需求
  ⇓
业务需求
  ⇓
```

(人力资源业务合作伙伴 HRBP)

(HR 领导团队)

(人力资源业专家中心 COE) (共享服务中心 SSC)

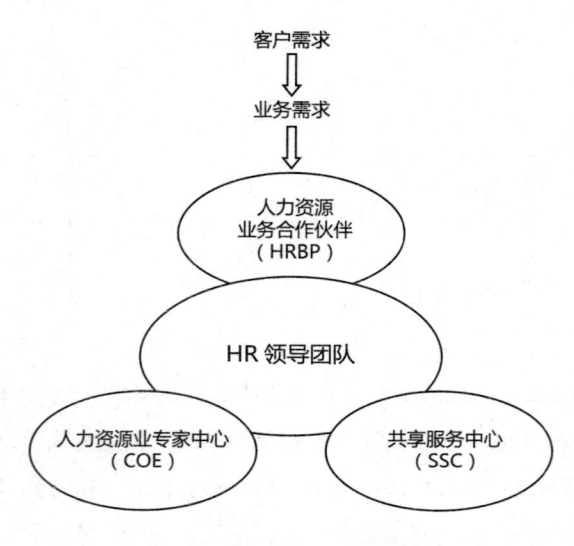

图 3-1　企业 HR 三支柱示意图

从图 3-1 中可以看到，人力资源部门会有客户，会面临一系列的业务需求。为此，人力资源部门要能够回答：自己的客户是谁？客户的需求是什么？能够为客户做什么？……人力资源部门通过满足客户的业务需求，进而为客户创造和提供价值。

借助营销中的客户细分理论，HR 可以把自己的客户分成三类：第一类是高层管理人员，他们的需求主要围绕着战略执行所需要的组织、人才、制度、企业文化以及变革管理等方面的支持；第二类是中层管理人员，他们的需求主要围绕着人员管理方面的咨询、培训和工具；第三类是员工，他们的需求主要围绕着解答制度方面的疑问，并提供便捷的服务支持，例如入职手续、劳动合同、企业制度要求、薪资发放、福利补贴等。其中，第一类客户的需求呈现高度定制化的特征，第二类客户的需求介于第一类与第二类之间，第三类客户的需求相对标准化。

为了满足客户的定制化需求，有了HRBP角色。HRBP是人力资源内部与各业务经理沟通的桥梁。既要熟悉HR各个职能领域，又要了解业务需求，为客户提供咨询服务和解决方案；既能帮助业务单元更好地维护员工关系，处理各业务过程中出现的较简单的HR问题，又能协助业务经理更好地使用各种人力资源管理制度和工具管理员工。同时，HRBP也能利用其自身的HR专业素养来发现业务单元中日常存在的种种问题，从而提出并整理发现的问题交付给人力资源专家，采用专业和有效的方法更好地解决问题或设计更加合理的工作流程，不断完善所在业务单元的运营流程。在现实中，既精通业务又精通专业技术的人才往往比较少，这就需要进行专业细分，这便是COE角色的出现。

COE的角色是专家，类似于HR领域的技术专家，主要是借助在本领域精深的专业知识和熟练的实践技巧，负责设计业务导向，完善业务流程、方案、政策等，为HRBP提供人力资源方面的专业咨询，帮助HRBP解决在业务单元遇到的人力资源管理方面的专业性较强的难题，并且能够从专业角度协助企业制定和完善HR方面的各项管理规章制度，指导HRSSC开展服务活动。

为了保障HRBP和COE区别于咨询、战略性的工作，就需要使其从传统事务性工作中解脱出来。于是，针对HR的第三类客户——员工，其需求往往是大致相同的，存在标准化、规模化的可能，于是就出现了SSC。

SSC是HR标准服务的提供者，他们主要为管理者和员工提供解答服务，对事务性工作进行统一处理和分析，帮助HRBP和COE从常规事务性工作中解脱出来，同时对服务的满意度、HR运营状况和咨询服务等负责。

HR的角色一分为三后,实现了企业战略目标和HR业务导向的一致性。其中,HRBP的使命是确保HR实现业务导向,贴近业务,解决业务问题;COE的使命是确保全公司政策、流程和方案框架设计的一致性,并在HRBP反馈的业务需求的基础上,在整体一致的框架下保留适度灵活性;SSC的使命是保证全企业服务交付的一致性,为全企业提供标准化、统一化的HR服务交付。

腾讯在初创时仅有五位合伙人,随着公司业务的快速发展,员工数量也在不断增加,腾讯从HR价值出发不断进行重新定位,于是产生了HR三支柱。正是这样一支如此庞大并且涉及多条业务线的员工队伍,才能避免了"大公司病",从而保障腾讯的正常运营效率和发展节奏。

腾讯人力资源专家中心(COE)

在腾讯,COE是最先成立的HR支柱,是腾讯人力资源系统中的专家支持部分,主要职责是负责人力资源前瞻性的研究,拟定前瞻性的HR战略;参与并解读企业的发展战略,对接企业的发展战略;规划和设计人力资源战略;制定有战略连接性人力资源制度和政策等。COE作为HR项目的主导者、牵头人,为人力资源提供专家方面的支持,提高人力资源管理的价值,提升内部客户的满意度,为企业和业务创造价值。

在腾讯，并没有一个名为 COE 的实体部门，这是一个由人力资源管理各个职能部门构成。其中，包括了人力资源部、薪酬福利部、腾讯学院、企业文化与员工关系部，而每个部门又下设很多分支子部门。

如图 3-2 所示：

```
                        腾讯 COE
        ┌───────────┬──────────┬──────────────┐
    人力资源部   薪资福利部   腾讯学院   企业文化与员工的关系
```

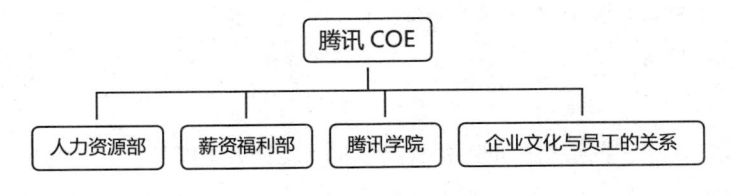

图 3-2 腾讯 COE 架构示意图

COE 在腾讯内部只是一个统称，不同部门、不同职位对 COE 的叫法也各不相同，例如，C 招聘是指 COE 的招聘职能，C-OD 是指 COE 的组织发展职能，C-ER 是指 COE 的员工关系职能。

在腾讯 COE 中有一个部门是人力资源部，不免让人有些困惑。在通常情况下，很多企业的人力资源部涵盖了人力资源管理的所有职能工作，而腾讯的人力资源部仅是 COE 中的一个部门。COE 是若干职能的集合。

从腾讯 HR 发展历程来看，腾讯最先有的是人力资源部，当时，人力资源部是按照传统职能的六个模块来划分的。腾讯在实施 HR 三支柱以后，其他人力资源的新增部门几乎是从这个人力资源部慢慢衍生出来的，相当于对人力资源部这个母体的职能进行了剥离，而人力资源部中的招聘和组织发展职能却被一直保留了下来。

COE 下的人力资源部包括招聘配置中心（C 招聘）、组织发展中心（COD）和活力实验室。薪酬福利部包括长期激励管理组、员工薪酬中心、福利管理中心、薪酬福利综合组、绩效管理组。腾讯学院包括领导力发展中心、职业发展中心、培训运营中心。企业文化与员工关系部包括劳动关系组、组织氛围组、沟通传播组。当然，随着腾讯的不断发展，为了适应变化需求，COE 的上述组织架构也在不断变化调整中。

腾讯学院是 2007 年 8 月成立的，标志着腾讯员工培训工作开始新的阶段。腾讯学院主要以"关注员工成长、注重业务发展、帮助企业变革"来定位自己，为腾讯所有员工提供课程和培训方面的支持。对于不同层次的员工，腾讯学院还会开展不同的培养。例如后边会谈到的针对基层干部的"育龙计划+潜龙计划"，针对中层干部的"飞龙计划"以及针对青年英才的相关计划等。而且每到年底，腾讯还会针对全体干部进行盘点，根据实际情况对腾讯学院的规章制度进行改进。

腾讯的薪酬福利部主要是帮助企业吸引、激励和保留优秀人才，以实现企业的战略目标。薪酬福利部会在兼顾市场竞争力和内部公平竞争的基础上，为员工提供全面的、富有竞争力的薪酬福利保障。

腾讯的企业文化主要由 COE 下设的企业文化与员工关系部负责。企业文化与员工关系部的前身是在 2008 年成立的一个企业文化委员会，后来逐步演变为企业文化部，这个部门的使命是打造腾讯文化，主要由宣传平台组和综合项目组构成。在腾讯引入 HR 三支柱模式后，企业文化部门并入 COE，扮演文化宣传的"专家"和"大脑"的角色，努力为腾讯打造具有鲜明文化特色和员工关爱氛围的工作环境。而员工关系中心曾经隶属于 COE 的人力资源部，主要具备三个方面的职能：一是组织氛围建设，比如员工沟通体系建设、荣誉激励体系建设、重大信息的发布、员工关怀（健康顾问、健康检查、心理咨询等)、礼金与慰问金管理等；二是劳动关系管理，比如劳动关系体系构建、用工规范、纪律管理、离职管理、连接 HR 热线、企业规章制度等；三是资源平台，如员工数据中心、员工管理培训、员工技能分享等。从这些方面可以看出，员工关系中心承担的员工沟通、信息发布平台等职能与企业文化的职能存在着很多的共性。于是，腾讯在 2013 年将企业文化部与员工关系中心合并为企业文化与员工关系部，该部门主要负责组织活动战略、提高员工职业技能、强化员工沟通等战略的实施，同时还担任"咨询师"的角色，例如策划企业的大型文化活动，宣传企业文化理念，诊断、分析并提炼出企业文化的价值等。

  腾讯 COE 主要是借助在相应领域精湛的专业知识和掌握的实际情况，在设计 HR 业务导向、制定 HR 政策、HR 执行流程以及为 HRBP 提供适合业务的定制化人力资源解决方案上发挥着重要的作用。可以说，COE 肩负着人力资源各个职能的重要任务管理，某种意义上在 HR 体系中起到了战略引擎的作用，为腾讯的发展提供了指导方向。

腾讯人力资源业务合作伙伴（HRBP）

腾讯人力资源业务合作伙伴（HRBP）由人力资源系统设在各事业群的人力资源管理人员组成。HRBP的主要职责是针对公司内部员工的需求提供人力资源的专业咨询和支持，协助各业务部门负责人以及管理干部在发掘人才、员工发展、梳理需求、培养能力、整合资源等方面的HR需求发掘工作。

HRBP针对不同事业群（如图3-3所示）的员工需求，不能被动地等待内部员工提出人力资源要求，而是要积极主动地发挥人力资源的专业价值，从专家角度来帮助各个事业群分析人员需求、制定招聘计划、做好培训课程、改进绩效需求、贯彻薪酬福利政策、关注员工关系等各方面，在各业务部门落实与推广公司的人力资源管理政策、制度规范，帮助业务部门各级干部培养和发展人力资源管理能力，并协助业务部门开展人力资源管理工作。

HRBP是各业务部门、团队管理问题快速诊断的专业顾问，主要为各业务部门和团队提供灵活的、具有针对性的"一站式"HR解决方案。腾讯的HR说："对HRBP而言，不仅要是HR专业领域的专家，精通业务，这样才能够与业务对话。"

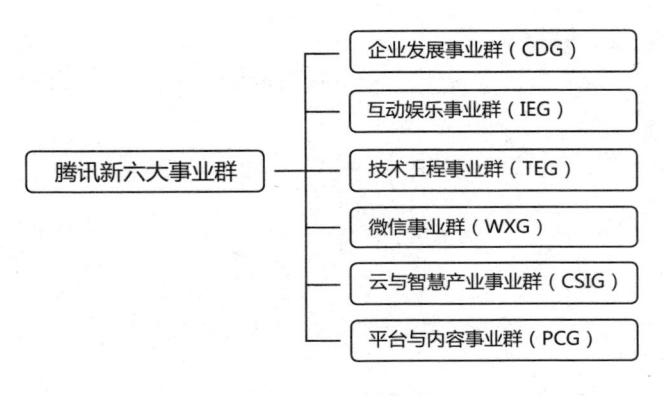

```
腾讯新六大事业群 ─┬─ 企业发展事业群（CDG）
                  ├─ 互动娱乐事业群（IEG）
                  ├─ 技术工程事业群（TEG）
                  ├─ 微信事业群（WXG）
                  ├─ 云与智慧产业事业群（CSIG）
                  └─ 平台与内容事业群（PCG）
```

图 3-3　腾讯事业群

腾讯 HRBP 主要是从业务层面出发，努力为腾讯打造强有力的雇主品牌，吸引优秀人才加入腾讯。同时，针对业务部门的招聘需求，以定制化的解决方案引入人才满足业务部门的需求。除此之外，HRBP 还会根据市场行情定期进行人才更新，以满足企业的人才需求。腾讯 HR 说："HRBP 要知道各事业群有什么样的特点，这些特点对人力资源有什么特殊的要求。不同事业群存在一定的差异性。比如说做互娱方向的人员，招聘的游戏类的员工，更多强调的是该员工的个性与创新意识；比如做技术工程族群的人员，更多强调的是扎实的技术底子和整体运营的思维……从这个工作的导向和定位来看，对人员的性格、工作习惯都会有不同的要求。"只有这样才能真正发挥和实现人力资源管理的重要作用，保障人力资源在业务单元的工作，提升内部员工的满意度和归属感。

在腾讯 HRBP 内部，通过细化分工，又可以分为三个模块，如图 3-4 所示：

```
           ┌─── Function 组
   HRBP ───┼─── BP 组
           └─── 助理组
```

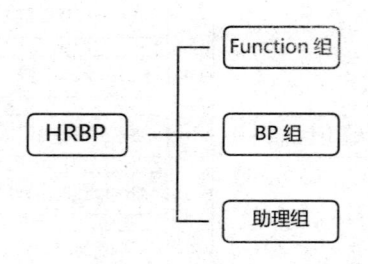

图 3-4　腾讯 HRBP 的内部分工示意图

　　Function 组主要与 COE 对接，一方面保证政策顺利实施，另一方推动 COE 完成任务；BP 组主要参与到业务当中，打破模块的界线，针对业务问题提供有效的解决方案；助理组与 SDC 对接，主要帮助处理事务性工作。

　　腾讯 HRBP 内部分工的三个模块互相协作，与 COE 和 SDC 妥善对接，高效地处理 HR 中心的工作。例如，当 COE 给出篇幅多达上百页的企业规章制度要求时，与其对接的 Function 组把这份上百页的资料交给 BP 组，BP 组要对这些规章制度进行深入的理解与研究，并根据各业务部门的实际情况提炼出最有效的部分，提炼后的内容不过几页，最后输出给各业务部门，让各业务部门进行高效执行，真正做到提高人力资源的工作效率。

　　为了帮助大家更好地理解 HRBP 是如何帮助公司业务运营的，下面通过腾讯内部的一次组织变革加以阐述。

　　2012 年 5 月 18 日，腾讯进行了公司成立以来最大的一次组织变革，腾讯内部将其称为"518 变革"。在这场组织变革中，腾讯对移动互联网事业群（MIG）架构调整，主要将手机 QQ 和超级 QQ 业务转到社交网络事业群（SNG），手机游戏对外合作部门转到互动娱乐事业群（IEG）。"518变革"将这些核心产品与业务从移动互联网事业群（MIG）分离了出去。

由于一系列的核心产品被分离出去后，移动互联网事业群（MIG）只剩下了手机安全、浏览器，而这个时候应用宝刚刚进入市场，还是一个处于雏形期的产品。移动互联网事业群（MIG）的员工一度认为手机安全这个产品生存不过三个月，浏览器又比不过竞争对手，应用宝又还没发展起来，所以不少员工对产品未来的发展缺乏信心。

对此，HRBP与移动互联网事业群（MIG）团队充分考虑到小团队作战的灵活优势，决定在组织架构上采用FT模式对移动互联网事业群（MIG）团队进行大刀阔斧的改革。FT（Feature Team，特性团队）是以用户为中心，打破原有的技术分工（如开发、设计、测试、部署等），按产品特点灵活组建的团队。FT模糊角色分工的概念，以产品特点为最终交付价值，目标明确，权责清楚，根据产品需求临时或长期存在，倡导团队共同完成产品特性，从而创造端对端交会的价值。

移动互联网事业群（MIG）的管理层将150人的团队分成10个FT，每个FT都配备功能齐全的岗位，包括研发、设计、测试、运营等，让产品的每个功能都有责任人，权、责、利更加清楚，分工明确。这样一来，员工能够迅速找到主人翁意识，让整个团队更加有活力。

在这场组织架构的变革中，HRBP发挥了重要的作用，为组织变革提供的方法与工具，设计FT团队的绩效考核方案，积极与员工沟通交流以诠释变革的意义等。HRBP相当于这场组织变革的催化剂，推动了移动互联网事业群（MIG）团队的组织变革，提升了它的活力，使之重新焕发光彩。

2015年12月18日，腾讯设立"名品堂"奖项，用以奖励腾讯内部优秀产品，并以重量级奖金激励入围的产品。移动互联网事业群（MIG）负责研发的腾讯手机管家、手机QQ浏览器、应用宝三款产品就入围了"名品堂"奖项，这在某种程度上极大地彰显了移动互联网事业群（MIG）团队的成功。

实际上，HRBP就是通过推动业务部门采用FT模式，使每个小团队的成员都充满了创新精神和拼搏精神，敢于主动去尝试新技术和运用创新思维，在一定程度上也规避了"大公司病"，避免了公司危机。

总的来说，腾讯HRBP在组织层面，从HR的角度出发参与管理业务部门的工作，联合COE和SDC，向业务部门输出有效的HR解决方案，支持企业进行正确的变革并参与变革行动；从个人层面来说，HRBP人员打破了传统HR思维，颠覆了传统意识的认知，将业务部门当作自己的用户，从服务的角度向业务部门提出建议和解决方法，无形中推动了组织变革，为业务部门创造业绩，从而有效促进了业务部门目标的实现。

腾讯人力资源共享交付中心（SDC）

人力资源共享服务中心（Human Resources Shared Services Center，简称SSC），是指企业将各业务单元的所有与人力资源管理有关的事务性工作（如员工招聘、薪酬福利核算与发放、劳动合同管理、人事档案及人事信息服务管理、社会保险管理、新员工培训、咨询与专家服务、员工关怀服务、员工投诉与建议处理等）集中起来，建立起来的服务中心。该中心为企业所有的业务单元提供人力资源管理服务，业务单元为其支付服务费用。

SSC有利于实现共享服务的内部市场化，通过为内部员工提供统一化、标准化、专业化的高效服务而创造价值，可以在很大程度上达到提高工作效率、整合企业资源、降低运营成本的目的。SSC的主要职责是负责人力资源管理的日常职能性工作；做好员工招聘、员工培训、员工关系等人力资源管理的需求工作。SSC作为承接HRBP与COE的一个部门，在腾讯人力资源系统中发挥着营运推行通道的作用，将企业人力资源战略和各事业群人力资源的需求连接起来，开展具体的人力资源管理工作。

腾讯在引入包括SSC在内的HR三支柱后，随着移动互联网时代的不断更新，员工个性化需求不断变化，以及业务需求对HR工作效率和程度的要求不断提高，迫使腾讯对SSC进行升级，以用户对 HR 的需求为核心推动力，在 2014 年将 SSC 升级成为产品化、体系化、信息化的共享交付中心（SDC）。

腾讯人力资源共享交付中心（SDC）不同于以往的 SSC 注重运营服务工作，SDC 还包括了 HR 系统开发中心、HR 信息建设中心、运营服务中心以及四个区域（北京、上海、广州、成都）人力资源中心。为了发挥 SDC 的体系支撑作用，需要 HR 提供面向业务和员工的 HR 专业交付服务，搭建 HR 业务运营体系和功能管控的统一平台，成为 HR 产品、服务、系统高效交付的专家。另外，腾讯 SDC 与其他公司自上而下的管理理念和管理模式不同，SDC 以基层用户的需求为主，属于自下而上地对用户需求进行采集、甄别和实现，以满足用户最大的需求。

腾讯人力资源共享交付中心(SDC)的发展主要经历了三个阶段：

第一阶段，2010 年以前，腾讯从 HR 部门分出一些员工到各个区域里满足不同业务部门的需求，这是区域人力资源中心的开端。

第二阶段，在满足了区域的需求后，腾讯发现总部也存在一些烦琐的事务性工作需要 HR 的支撑，类似于招聘部门的负责人每天都需要花费大量时间去处理一些与招聘无关，却又必须要做的行政事务工作。于是，腾讯在 2010 年成立了人力资源平台部，帮助 HR 处理烦琐的行政事务，让 HR 能够专注于更有价值的事情。

第三阶段，2012 年，腾讯对人力资源信息化的整体脉络进行梳理，将各个独立的信息系统和系统数据进行大整合，成立了 HR 信息建设中心。2013 年，腾讯成立了人力资源运营服务中心，为了更好地运营人力资源服务平台和解决人力资源系统开发中的专业技术问题。2015 年，腾讯正式将人力资源系统开发中心并入 SDC。

可以说，腾讯人力资源共享交付中心（SDC）从用户需求出发，在实践与探索中抓住关键问题，然后逐个击破，一步步发展成完善的人力资源共享交付中心。那么，对于 SDC 与 SSC，两者有哪些不同之处呢？主要有以下几点：

1. 从共享事务到共享资源

SSC 主要是共享事务，而 SDC 则是共享资源，通过对资源、能力、技巧、团队等的共享，达到主动提供一站式交付的效果，实现交付的集中化，使企业各种资源被充分利用。

2. 从服务于基础事务工作到同时满足多端需求

SSC 仅限于规范化、标准化、规模化的工作，强调的是共享和服务于具有稳定流程的基础事务工作；而 SDC 则强调工作的灵活性，不仅要求对员工端 HR 基础事务的及时受理，还要求对业务端 HR 共性需求的标准交付，以及对 COE 和 HRBP 端提供有力支持，让人力资源的工作更加高效。

3. 从被动响应到主动关注员工需求

SSC 是对 HR 事务性要求的被动响应，而 SDC 则突破了 SSC 在整个交付链条里仅是执行层面的一个环节的局限，并且以员工的需求为出发点，通过深入挖掘员工需求进行超出预期的交付，从而最大限度地满足员工的需求，让员工自愿留下来。

4. 从数据化分析到大数据管理

SSC 主要负责员工招聘、员工培训、绩效管理、薪酬福利和员工关系等职能模块的统计数据，SSC 通过对这些统计数据进行分析和监控，然后再进行总结，这样的工作存在明显的滞后性，工作效率非常低，不符合高速发展的腾讯；而 SDC 建立的大数据团队，优化了人力资源数据分析能力，这样能够有效地帮助人力资源部门进行预测式管理，大大提升了人力资源的工作效率。

5. 打造全新 HR 供应链

SDC 是在满足员工需求的基础上打造出一条全新的 HR 供应链。

在整个过程中，首先，SDC 为员工建立触手可及的需求响应通道，并且搭建了 HR 服务生态圈，员工可以在手机端或电脑端的页面上轻松地填写自身的需求，并反馈给 SDC；其次，SDC 把响应员工需求变成一个平台支持，用做产品的思维开展 HR 工作，让交付产品更加丰富多样，确保 SDC 在明确标准化、规范化的基础上，又凸显了业务的弹性；最后，让员工在 SDC 平台上进行更多地自我管理，从而推动组织更好地自行运营。

总的来说，腾讯人力资源共享交付中心（SDC）的建立，改善了以往分布不均匀、业务部门对人力资源管理的各地系统重叠且不统一、需求交付速度慢、信息交流滞后的问题，采取更集中化操作来达到规模效应，达到提高工作效率、整合企业资源、扎实管理服务、降低运营成本的目的。

腾讯 HR 三支柱之间的关系

腾讯 HR 三支柱之间相互配合支持，是一个完整高效的系统。比如在招聘活动的过程中，COE 的关注点在于通过什么样的方式和工具更好地辨别出企业需要的人才；HRBP 的关注点在于需求是否符合实际情况，人员是否满足企业要求；SDC 的关注点在于人员能够为企业的发展提供怎样的能力、技能以及资源等。它们的具体关系如图 3-5 所示：

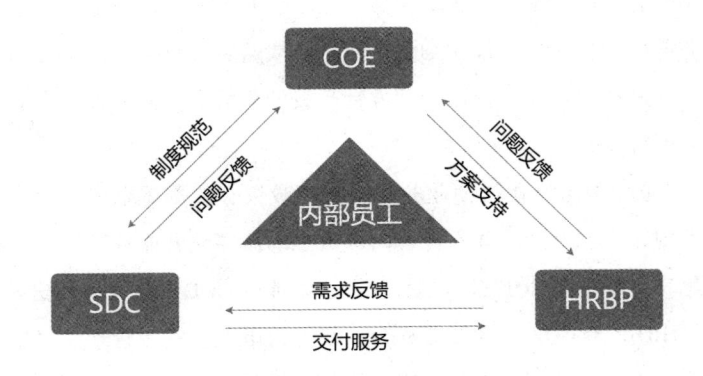

图 3-5　腾讯 HR 三支柱的关系

1. COE 与 SDC 之间关系

COE 在制定了人力资源战略、制度规范、企业政策后，具体的工作需要 SDC 进行细化和实施，保证人力资源管理工作做扎实、做细致。同时，COE 制定的战略、制度规范、企业政策也成为 SDC 进行系统优化、外包管理的准则和依据。

此外，SDC 在执行企业政策、制度规范等时将其系统化、精细化、流程化的过程中，对发现的问题要积极向 COE 进行反馈，及时修正和提升人力资源管理制度与政策，以提高人力资源管理的工作效率，优化企业政策与制度规范的执行流程，不断提升人力资源管理效率。

2. COE 与 HRBP 之间关系

COE 在了解了企业战略，并根据内部员工制定的人力资源管理战略后，需要推广落实到内部员工，这就要发挥 HRBP 的重要作用。HRBP 在人力资源管理制度政策传导、政策落地的过程中，根据各业务部门的特点进行优化细化，使企业战略更加符合部门情况与需求，促进员工对人力资源管理方针政策的理解和认同，提高企业政策的可行性。

同时，HRBP 在帮助业务部门梳理政策、挖掘需求的过程中，当发现人力资源产品并不符合内部员工的需要或者业务部门需求有变化时，需要向 COE 进行积极反馈，以促进 COE 的优化和改进。

HRBP 与 COE 两者互相配合，使得腾讯人力资源管理在尽量标准化、规范化的框架内，又能保证制度规范的弹性，能够更好地满足业务部门的个性化需求以及内部员工的个人需求。

3. HRBP 与 SDC 之间关系

HRBP 作为人力资源管理的一线人员，在对业务部门进行人力资源需求管理、发现问题、员工沟通的过程中，跳脱出烦琐的日常事务，负责提出业务部门对人力资源管理需求的解决方案，并提交至 SDC，要集中精力在内部员工的沟通与方案的优化上。

SDC 在收到 HRBP 所提出的人力资源管理需求后，通过自身的资源信息平台和专业化操作，将人力资源管理需求的产成品交付给各个业务部门，满足其人力资源管理的需求。

综上所述，可以看出腾讯人力资源管理系统在运作过程中，腾讯 HR 三支柱的有效分工与协助，保障了三个板块权责明确、分工合理、相互优化、相互作用、协调发展，确保了人力资源管理工作的顺利开展，共同形成了完整高效的人力资源管理组织结构作用机制，不仅体现了客户价值导向，有效地支持了内部员工对人力资源管理的需求，而且还提升了腾讯人力资源管理的价值性。

02

第二篇

腾讯人力资源管理的基本方法

对于腾讯来说，人力资源管理的基本方法在于能够让员工获得实惠，能够让员工看到希望，能够让员工获得心理上的满足，这样员工才能尽心尽力为企业创造价值，才能保证企业的稳定与发展。

第 4 章
CHAPTER 4
发钱：让员工获得巨大的实惠

一个企业想要长期发展，就要让员工获得巨大的实惠，腾讯在这一方面就做得很好，通过华丽的薪酬体系、"安居计划"、丰富的福利补贴以及慷慨的股权激励让员工心甘情愿地留下来，并为企业做出贡献，帮助企业更快地成长与发展。

华丽的薪酬体系

为了吸引、激励和保留住优秀的人才以帮助企业实现战略目标，腾讯在兼顾市场竞争力和内部公平性的基础上，为员工提供华丽的薪酬体系，以留住员工的心，让员工努力为企业工作。

1. 腾讯薪酬体系的基本内容

（1）薪酬体系的设计原则

腾讯的薪酬体系主要以市场、岗位、任职资格和绩效四个维度为基础。

市场主要是指企业选取了外部标杆企业作为企业薪酬体系外部比对市场，并将企业整体薪酬水平定位于外部市场领先水平，同时每年定期审阅标杆企业名单，收集外部市场薪酬信息，回顾企业薪酬结构，以保证企业薪酬水平的外部竞争性，确保企业薪酬体系的合理性。

岗位主要是指将薪酬体系与员工职业发展通道体系相结合，体现不同职位价值和级别对应的薪酬水平。

任职资格主要是指员工固定工资要体现员工职位性质与任职能力，同一职位的员工可以根据能力和经验的不同，在固定工资上存在一定的差异性。

绩效主要是指绩效奖金，表现出员工绩效和对企业的贡献，体现薪酬激励的绩效导向。

(2) 员工年度总现金收入的构成

在现有的薪酬体系下，员工年度总现金收入由固定工资、年度服务奖金和年度绩效奖金(不适用于拿提成的销售人员)三部分构成。

固定工资：员工工资包括职位固定工资和固定津贴两部分。职位工资主要指企业每月根据员工的职位职责和职位性质提供的保障性现金报酬。固定津贴主要指企业对全体员工每月提供的固定津贴，包括住房补贴、竞业限制津贴（200元/月）、知识产权转让费（50元/月）、保密津贴（50元/月）等专项津贴。

年度服务奖金：年度服务奖金指企业在年末向在当年在职员工提供的特别奖金。年度服务奖金一般标准为员工的1个月工资。

年度绩效奖金（不适用于拿提成的销售人员）：年度绩效奖金指企业在达成总体绩效目标的基础上，企业对员工在该年度完成的或超额完成的个人绩效目标进行现金奖励。

2. 腾讯固定工资的发放

(1) 发放的时间

工资由人力资源部通过核算，每月定期制作发放表，由财务部安排时间发放到员工手中。工资计算期间为每月1日至月底，按月支付，次月5日发放，如发薪日遇到休息日或法定节假日时，工资支付日提前到放假前的最后一个工作日。对于离职人员工资与离职补偿，腾讯会按照企业与离职员工本人双方协商之日发放。

（2）发放的标准

企业代员工缴纳个人所得税和个人应缴社保后，以邮件工资发放通知单或其他形式通知到员工。员工可以通过登录薪酬福利自助平台，自行查询各项薪酬明细。

扣除项目：包含个人所得税、住房公积金（如有）个人承担部分和社会保险等，以及病事假、考勤、员工向企业借款、企业代扣代缴的其他费用（停车费）等。

3. 腾讯年度绩效奖金的发放

员工年度绩效奖金的分配将体现薪酬激励的绩效导向，即向绩效优秀的员工倾斜。在企业绩效、部门绩效都达标的情况下，按照员工的个人绩效进行奖金分配的原则如下：

绩优员工，考核结果为"超出预期"或"优秀"，将获得全额或者更多的年度绩效奖金；考核结果为"符合预期"的员工，将按照企业标准获得与其个人的年度绩效相符合的奖金；考核结果为"低于预期"的员工，将不能获得年度绩效奖金。

下面是年度绩效奖金发放流程：

企业会在年底根据企业整体绩效与部门年度考核结果进行核算各部门年度绩效奖金；

人力资源部将通过人力资源管理委员会核定各部门奖金数额，根据员工绩效奖金分配指导原则，提交给各部门第一负责人；

各部门负责人根据部门奖金数额以及奖金分配指导原则，分配员工相应的绩效奖金，并报人力资源部和主管 CXO/EVP 审批；

人力资源部发出年度奖金发放通知单给员工，让员工清楚知道个人所得与企业绩效、部门绩效以及个人绩效之间的联系。

4. 腾讯值班补助的标准

在国家法定节假日期间,企业安排员工值班,由企业统一发放值班补助。法定节日值班补助标准为员工日固定工资的百分之三百。值班补助随当月工资一起发放。

(1)假期工资标准

员工享受法定节假日、年休假、婚假、产假、陪产假、丧假期间,工资全额发放。

(2)员工病假工资标准

如果全年病假累计不超过 30 个工作日,病假期间日固定工资全额发放;超过 30 个工作日,超出期间日固定工资按 60% 发放,扣发病假工资=日固定工资 /21.75× 病假天数 ×40%。

(3)员工事假工资标准

如果全年事假累计不超过 15 个工作日的,事假期间日固定工资按 50% 发放,扣发事假工资=日固定工资 /21.75× 事假天数 ×50%;如果全年事假超过 15 个工作日,超出部分的假期,扣发全额日固定工资。

5. 腾讯年度薪酬的调整

腾讯每年 4 月份会进行全企业范围内的年度调薪,人力资源部组织各部门负责人进行员工个人薪酬审阅,根据员工薪酬审阅结果,综合考量员工的各项数据,确定员工薪酬调整的时间点和幅度。

（1）企业年度调薪覆盖群体

前一年10月1日前入职的员工参与企业4月年度调薪。对于其他时间入职的员工，不在4月进行薪酬调整，由部门负责人按照员工个人薪酬审阅的结果酌情在当年进行个人调整安排。

（2）年度调薪生效日

参与企业4月年度调薪的员工调薪后工资生效日为每年的4月1日（体现在5月的发薪中）。

（3）企业年度调薪的原则

员工薪酬调整主要根据员工的绩效表现以及员工当前薪酬水平进行综合考量来确定。薪酬水平一致的员工，绩效表现越好，获得薪酬调整的幅度越大；相反，绩效表现不佳的员工，将不能获得薪酬调整，甚至有可能面临降薪；绩效水平一致的员工，员工当前薪酬水平较低，获得薪酬调整的幅度较大；相反，员工当前薪酬水平较高，则获得薪酬调整的幅度较小或不予调整；员工薪酬发生改变时，人力资源部会将薪酬调整通知单以邮件的方式告知员工，员工可以登录薪酬福利自助平台进行查询。在调薪生效后，部门负责人会安排时间与员工进行沟通面谈。

给力的"员工安居计划"

马化腾说:"腾讯视员工为企业的第一财富。对于腾讯来说,业务和资金都不是最重要的。业务可以拓展,可以更换,资金可以吸收,可以调整,而人才却是最不可轻易替代的,是我们最宝贵的财富。"在贯彻"以人为本"方面,腾讯积极调研员工的物质需求和精神需求,在符合实际情况且企业能够做到的情况下都会予以满足。

2011年,腾讯高层在与员工的交流中发现,大多数员工都有一项不可避免的需求,那就是住房问题。随着深圳房价的快速攀升,很多年轻员工虽然在深圳(腾讯总部)发展得很好,但是由于难以承受深圳的高房价,购买不起属于自己的房子,对这个城市缺乏归属感,于是没有在这个城市长期发展下去的打算。为了能够让员工安心工作,为了帮助多年来与企业共同成长的员工早日安居乐业,腾讯决定在企业能力范围内,帮助员工减少住房方面的不确定性,帮助员工解决后顾之忧,于是在6月27日正式启动"安居计划",在3年内投入10亿元为首次购房的员工提供免息借款。考虑到国内各地的经济和房价水平差异,"安居计划"将免息借款金额上限分为20万元和30万元两档。其中,北京、上海、广州、深圳的员工可以申请最高30万元免息借款,其他城市则可以申请最高20万元免息借款。为确保给予基层员工尽可能多的实惠,中层以上的管理干部和专家都不参与"安居计划"。"安居计划"的具体实施主要由腾讯人力资源部门出具相关的规章制度，引导基层员工进行申请。

"安居计划"还规定，凡在腾讯工作满三年，符合相应条件的员工都可以申请该项计划。在申请"安居计划"借款时，员工只需要出具购房合同，并提交由中国人民银行出具的个人信用查询报告，基本上可以无须任何担保就申请到免息借款。

随着社会的进步以及腾讯的不断发展，为了进一步保障员工的安居需求能够得到满足，腾讯提高了免息借款额度。其中，一线城市的员工能享受的安居借款额度提高至 50 万元，二线城市的员工能享受的安居借款额度提高至 25 万元。

总的来说，腾讯的"安居计划"主要是为了帮助为腾讯发展做出贡献并积极进取的员工，使他们在购房这一需求上没有后顾之忧。"安居计划"在管理上还特别强调，该计划针对的是最有安居需求的员工，只适用于购买首套住房，并且员工在公司工作期间只可享受一次安居计划购房免息借款。

在 2019 年 1 月，腾讯公司宣布，安居计划申请条件已经从入司三年下降为入司两年，绩优者一年。"安居计划"的升级让更多的基层员工享受到了该项福利。

据相关数据统计，自腾讯"安居计划"推出以来，已经帮助10000 多名员工实现了购房梦。在实施该项计划的同时，腾讯还用心调研员工需求，对"安居计划"进行适当调整，比如放宽员工的购房所在地，员工可以在社保所在地或者工作地选择其中一个进行购房，借款额度按照所购房产所在地城市标准为准。

腾讯除了帮助员工解决购房问题，还帮助员工解决租房问题。2016 年 5 月 1 日，腾讯出台了"易居计划"，通过该计划为员工发放"租房补贴"。"租房补贴"是指员工同时满足没有享受过公司"安居计划"、是企业的正式员工、社会工龄小于或等于三年,同时满足这三个条件,就可以申请"易居计划",可以领取租房补贴,最长可以领取三年。"易居计划"根据不同地区确定相应的补贴标准,其中,北京、上海、广州、深圳四地补贴为 15000 元 / 年 / 人,其他城市为 7500 元 / 年 / 人。

总的来说,从最开始的"安居计划",再到后来推出的"易居计划",都体现了腾讯坚持"以人为本"的管理理念,反映出腾讯对员工需求的高度关注与责任感。这是腾讯人力资源管理的特色,也是腾讯获得成功的重要原因之一。

让人眼红心热的福利补贴

自腾讯成立以来,员工福利补贴措施逐渐完善,并且有着明显的"腾讯烙印""腾讯风格""腾讯特色",在社会上有着很大的吸引力,不禁让人眼红心热。总的来说,腾讯的一系列有吸引力的福利补贴,主要分为以下这几类:

1. 员工保障计划

腾讯为员工提供完善的保障计划,除了国家规定的医疗保险、工伤保险、失业保险、养老保险、生育保险以及根据政府政策缴纳住房公积金之外,为更好地消除员工基本生活的后顾之忧,腾讯为员工投保了团体商业补充医疗保险，当发生医疗费用时员工可以通过保险公司获得赔付90%的门诊费用或100%的住院费用；腾讯还为员工购买了意外医疗保险，如果发生死亡或残疾，保险公司将为腾讯员工提供36倍月薪的保险金，帮助员工及其家庭渡过难关；最重要的是，腾讯为员工购买重大疾病保险，为员工提供了重大疾病的保障，当不幸患保险协议约定的33种重大疾病之一时，员工可以获得15万元的保险金，以减轻医疗负担等。

同时，腾讯在日常生活与工作中，还为员工提供健康咨询室，帮助员工解决日常疾病治疗、药品管理及其他健康咨询；腾讯特聘请15年以上资深医学专家、国家级心理咨询专家，在员工与其家人有需要的时候，提供一对一咨询和指导，确保员工及其家人的身心健康；腾讯还经常开展关爱大讲堂，邀请行业内资深专家及知名人士，为员工及其家属提供疾病防治、职场压力管理、婚恋、家庭生活等一系列身心健康精品课程等服务。

对于出差海外的员工，腾讯更是提供了海外差旅保险，保障员工的财产损失、意外伤害、医药补偿、医疗运送等。

腾讯除了关心员工之外，同样关心员工家属的健康，为员工家属提供商业保险自选的平台，不仅保障内容全面，而且可以灵活组合，保费也比市场上优惠很多，让员工切实感受到保障计划的福利。

2. 员工假期

员工在享有法定节假日、婚假、产假、陪产假、哺乳假、流产假、丧假等假期之外，腾讯为保证员工工作与生活的平衡，特意提供了带薪假期，如年休假、事假、病假、产检假等；腾讯为鼓励员工体验公益项目，作为志愿者去帮助他人，特别给予一天的带薪假期，作为腾讯的公益假；员工有私事必须本人亲自处理时，腾讯可以根据工作安排情况酌情给予每年最高 15 个工作日的半薪事假；对于因患病无法正常工作的员工，腾讯会给予每年最高 30 个工作日的全薪病假，如遇重大疾病，腾讯还可以视实际情况适当延迟医疗期，以帮助员工更好地治疗和恢复；腾讯为更好地关爱孕期女员工，对于符合计划生育政策的孕期女员工给予累计最高 10 个工作日的全薪产检假；对于工作满一年以上的员工，根据工作年限可享受 7~15 天的带薪年假等。

3. 员工关怀与救助计划

腾讯为员工提供多种福利补贴，主要是为了给员工创造舒适的工作环境与工作氛围，并实现工作与生活的平衡。

例如，腾讯成立了一系列协会，腾讯乒乓球协会、腾讯足球协会、腾讯篮球协会、腾讯网球协会、腾讯羽毛球协会、腾讯摄影协会、腾讯音乐协会、腾讯舞蹈协会、腾讯电影公社等，员工在工作之余可以一起进行交流和探讨；腾讯每个月还会为各部门提供活动经费，供员工开展各种活动。

腾讯会定期为员工举办团队建设活动和年度旅游，旨在通过这些团体活动促进员工成长、提升部门整体水平、培养团队精神、优化组织结构等，有效地支持企业整体业务的发展，推动企业使命与愿景的实现。

在员工餐上，腾讯邀请业内优质合作伙伴为员工提供卫生、营养的中式快餐、丰盛的西式简餐、各类咖啡饮品、自助餐以及会议茶歇等便捷的用餐服务；对于加班的员工，腾讯还会贴心地提供丰盛的夜宵，让员工感受腾讯大家庭的温暖。

腾讯提供宽敞舒适的办公空间，设计漂亮的沙发茶几，小巧实用的咖啡机，琳琅满目的饮品和零食，为员工提供休息放松、互通感情、会客洽谈的场所。

腾讯为员工提供便捷的免费班车，班车根据各地地域性特点进行线路分布安排，以满足员工的上下班乘车需求。

在一年一度的家属开放日，腾讯会邀请员工的家属到公司进行参观，让家人了解员工的工作情况以及腾讯文化，让"小家"做客腾讯"大家"。

在三八妇女节重要的日子里，腾讯会为每一名女性员工准备特色礼品以及节日活动；每年端午佳节，腾讯会为员工准备特别定制的"腾讯特色"粽子；每年中秋佳节，腾讯同样会为员工准备特别定制的"腾讯特色"中秋月饼，如果员工希望为远方的亲朋好友邮寄这份中秋礼品，公司也提供此项温馨服务；每年缤纷水果节，腾讯为员工发放当地当季的新鲜水果，如荔枝、桃子、草莓、葡萄等；每年春节过后，腾讯在上班第一天会给所有员工发"开工利"红包，祝愿所有员工新年新气象，在新的一年里再创佳绩等。

对于入职满一周年的员工，腾讯会提供精美的"正直、进取、合作、创新"价值观一套四张的非卖品 Q 币卡。

4. 实习生的福利补贴

对于实习生，如果实习期间工作所在地与其家庭或学校所在地不是在同一城市，腾讯会为其发放交通补贴和住宿补贴，同时，实习生可以享受办公环境内的公共休闲娱乐设施以及优质的办公环境，加班宵夜和免费班车等福利。更重要的一点是，腾讯还为实习生购买意外伤害商业保险，给予实习生最好的保障。

腾讯除了上述福利外,还有其他的福利措施,比如入职 10 周年贺礼、结婚庆贺礼包、生育庆贺礼包等。另外,随着腾讯的高速发展与员工需求的演进,腾讯的福利补贴也在不断地动态调整,力求为员工提供多种福利补贴,以提高员工对企业的满意度,增强企业的凝聚力。

慷慨的股权激励

腾讯在奖励员工方面向来都是出了名的大方,其中最有名的要数股权激励,腾讯不止一次给予员工股权奖励。所谓股权激励,也称期权激励,就是企业为了激励和留住核心人才而推行的一种长期激励机制,也是目前企业用于激励员工的方法之一。1950 年,美国很多企业开始实施"高管持股计划"。此后,股权激励的方式渐渐成为一个行业特征,很多国家和地区的企业纷纷开始实行股权激励。

在腾讯,股权激励主要是通过发放股票的方式来激励员工,让每个员工都能够分享企业的业绩增长,使员工个人利益与企业发展的长远利益紧密结合在一起,让员工感受到真实的实惠。其实,腾讯用股权激励员工的做法早在 2007 年便开始长期实施了:

2007 年 12 月,腾讯宣布进行股权激励计划,成本由腾讯支付,有效期为 10 年。

2008 年 8 月,腾讯向 184 位员工授出约 101 万股新股,市值约 6807 万港元,平均每名员工被奖励股份市值约 37 万港元。

2009 年 7 月，腾讯向 1250 名员工授出约 818 万股股票，股票价值约 6.45 亿元人民币。当时腾讯的员工只有 5000 人左右，股权激励的员工占了近四分之一。

2013 年 11 月，腾讯扩大激励范围，包括项目经理、总监在内超过千名基层干部被纳入股权激励的队伍中，腾讯总共发放总价值 229 亿港元的股票。

2015 年 7 月，腾讯向 6650 名员工授出约 2176 万新股，股票价值接近 30 亿港元。

2016 年 7 月，腾讯向 7068 名员工授予约 1493 万股奖励股票，价值约 26 亿港元。

2016 年 11 月 11 日，是腾讯成立 18 周年，腾讯授予当天在职的正式员工每人 300 股腾讯股票，股票价值 17 亿港元（约 15 亿元人民币）。

2017 年 7 月，腾讯向 1.08 万名员工发行约 1787 万股新股，股票价值约 48.5 亿港元（约合 42.2 亿元人民币）。

对于给予员工股权激励这件事，马化腾说："部分早期员工由于过早地聚集了相当的财富，确实存在动力不足的问题。对后续员工进行有效的股权激励，是腾讯保持未来高速增长的关键。"正是因为腾讯慷慨的股权激励，才成就腾讯现有的成绩。腾讯人力资源通过开展员工激励计划对员工进行"新陈代谢"，让员工持续保持高昂的士气和工作热情，让腾讯长期保持活力与发展。

股权激励并不是大公司的专利，现在很多创业公司也会前瞻性地做出员工持股计划战略部署后，让员工与企业一起享受胜利果实。在欧美等发达国家，股权激励更被认为是驱动初创企业发展的关键要素之一。对于刚起步的小公司来说，最大的需求就是人才与资金，最高比例的死亡原因在于股权纠纷。而股权激励的方式实际上就是用"股权换人才",即帮助企业招揽到更多的人才,又降低了资金成本,同时还优化了股权结构,一举多得,股权激励的方式成为大多数创业公司的标配。

那么,对于股权激励有哪些需要注意的地方呢?

1. 实施期权池,做好管理

在股权激励方面,企业要先设立一个期权池,由创始人让出以后要给员工发放的股权,再选定优秀或者适合的员工授予。期权池的大小根据企业的发展情况进行调整,保持给予充足的股权份额奖励优秀员工和吸引新人才。

对于期权池,一些大型企业的玩法就更加多样,机制也更为复杂。比如,腾讯发布奖励新股的流程往往是先行筹备资金,认购腾讯发行的新股或从二级市场购买股票建立一个期权池,从中分发股份奖励给员工。腾讯内部有专门的系统和团队来对奖励股票进行授予和管理。当获得股票奖励的员工满足条件后,可以申请变现交易,由腾讯内部的相关部门进行处理。

2. 制定合理的股权激励方案

制定正确的方案是股权激励的底线与保障。这样既肯定了员工对企业的贡献,又调动了员工的工作积极性,同时延长了员工获得激励份额的周期,让员工能够留下来继续做出更多的贡献。以腾讯18周年奖励的"阳光普照"股票为例,即使是无偿赠予员工,也是分三批逐年解禁的。如果员工在这期间离职或者被开除,将失去所获的股票。对于大多数企业来说,并不能像腾讯般财大气粗地做到免费赠送股票,每个企业在不同阶段有不同的发展需求和招聘要求,所以一定要找到满足企业现阶段需要的股权激励方案,避免一些不必要的损失。

3. 合理分配股权激励的比例

对于员工来说,股权激励的份额体现了企业对员工贡献度的认可和对员工价值体现的肯定。所以,在股权激励分配比例上一定要保证公平性,避免员工缺乏工作热情和奋斗动力,否则股权激励就没有发挥真正的作用。例如,腾讯在股权激励上主要是根据自身的发展状况,不断扩大分配比例,从核心管理人员,逐渐扩大到项目经理、总监在内的基层管理人员,最后延伸至普通员工。而且,每名员工被授予的股票并不是平均分配,而是根据企业的发展阶段、员工职位、员工职级等信息相关,真正做到股权激励符合合理标准。对于股权激励的合理分配,对创业公司来说,需要根据企业自身的实际情况给予合理分配。

第 5 章
CHAPTER 5
晋升：让员工看到巨大的希望

一个企业未来能够走多远、产品能够为用户创造多大的价值，都体现在人才培养上。腾讯在人才培养方面上为员工为员工提供了巨大的支持，制定双通道员工职业发展体系，开展"育龙计划+潜龙计划""飞龙计划""青年英才计划"等，让员工最大限度地发挥自己的才能，让员工看到自己的发展机会和企业的发展前程。

双通道员工职业发展体系

双通道员工职业发展体系是指组织按照职位类别,将职业发展路径划分为管理、专业两类通道,并根据不同通道的情况设置相应的发展路径和标准。双通道的设立主要是为了帮助员工按照自身的特点、优势以及兴趣,有效地规划和管理职业生涯、提高专业水平能力和长期工作绩效,让员工清楚地知道自己要努力和发展的方向。通过对员工职业发展的规划和管理,帮助企业有效规划人力资源、提升组织能力和满足企业战略发展需要,最终实现员工职业发展与企业经营发展共赢的双赢目标。值得一提的是,双通道员工职业发展体系能够帮助企业有效地摆脱人力资源的困境。

腾讯的双通道员工职业发展体系分为管理发展通道与专业发展通道。如图 5-1 所示:

```
管理发展通道                专业发展通道

  高层管理者                    权威

  中层管理者     ←→       专家/资深专家

  基层管理者                    骨干

                 有经验者

                  初做者
```

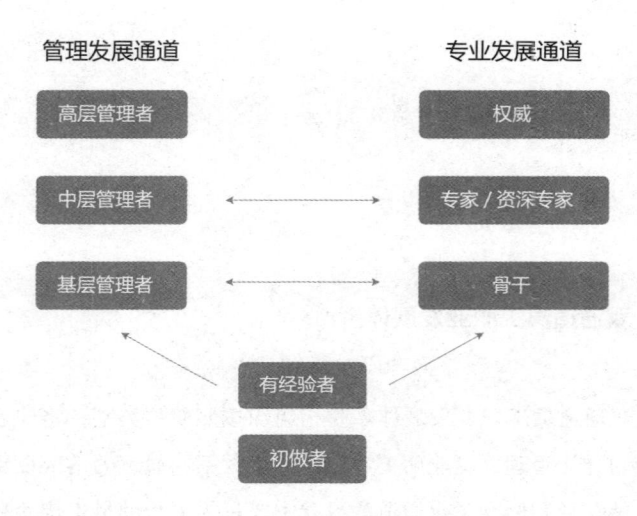

图 5-1　双通道员工职业发展体系

1. 管理发展通道

管理发展通道分成高层管理者、中层管理者和基层管理者三个梯队，高层管理者一般是 VP（Vice President，副总裁）及以上，中层管理者特指各部门 GM（General Manager，总经理）或同级别待遇者，基层管理者包括项目经理和总监，总监一般是负责多个团队。

员工在正式任命前都会经历"独立负责业务——负责重要业务——带团队负责重要业务"的过程，也就是说，一名员工在被任命为基层管理者之前已经在承担管理工作，其管理能力也在工作过程中得到了验证。在正式任命前，他会接受较为严格的管理者培训，并参与 360 度考评，包括未来的合作团队领导、上级以及下属。通过全面考评和 HR 考评后，一般会有一个正式的 GM 答辩，完成后就正式被任命为基层管理者。

员工被任命为基层管理者后仍然有继续晋升的可能性，例如副团队领导者、正团队领导者、副总监、总监、高级总监几个等级，这期间的晋升主要依赖于所带团队的整体考评、个人的考评以及组织架构的需求。

中层管理者的职级也有分级，包括助理总经理、副总经理、总经理、业务线负责人（多个部门总经理），而再往上也会有 VP 助理、VP、SVP、EVP、SEVP、总裁、CEO 等。看起来，腾讯的管理职级很长，但其实企业仍然保持着一个非常扁平化的结构，这也是出于互联网公司灵动、敏捷、快速反应的需求，从高层管理者到一个普通员工的决策执行往往只有三到四层的传递，即 VP——GM——总监/leader——员工。

通常情况下，腾讯在管理职级晋升上，员工升基干，必须通过"育龙培训"和"潜龙培训"；基干升中干，必须通过"飞龙培训"，这也相当于硬性指标和必需条件。

当然，随着公司的发展，腾讯上述两个晋升通道中的具体职级划分难免会有变化，但总的来说，腾讯为员工规划的管理和专业双通道的体系是比较稳定的。

2. 专业发展通道

专业发展通道有横向与纵向之分。

（1）在横向上

根据能力、职责相近的原则，腾讯为不同能力的员工设计了不同的职业发展通道，概括起来主要有以下四大类：

T 通道——技术通道，包括产品研发、视觉设计、交互、运维等子通道；

P通道——产品/项目通道,包括项目策划、项目管理、项目运营等子通道;

M通道——市场通道,包括市场、战略、商务拓展、网站编辑等子通道;

S通道——专业通道(职能通道),这是最复杂的一个通道,包括公司的行政、法务、财务、秘书、会计、人力资源、采购、公关等各个子通道。

(2)在纵向上

腾讯为员工搭建职业发展阶梯,给每名员工提供专业的发展途径,让每名员工都有进步与发展的机会。专业发展通道在纵向上主要分成六大级,每个大级里面又分为三小级(如表5-1所示)。一般来说,升大级别的难度比较大,升小级别相对比较容易。这六个级别的名称应该叫作:初做者、有经验者、骨干(高级)、专家、资深专家、权威。但是,在实际实施中,腾讯的五级(资深专家)是空缺的,六级(权威)历史上也只有过一个,即腾讯首席科学家孙国政(职级为T6),由于五六级长期空缺,所以暂时没有子等划分。同时,根据管理需求,每个级别由低到高可以分为基础等、普通等和职业等三个子等。基础等是指刚达到本级别能力要求,但是还需要进一步巩固与提升;普通等是指完全达到本级别各项能力要求;职业等是指本级别各能力表现成为企业或部门内的标杆。

表5-1 腾讯职级体系表

族类	初做者	有经验者	骨干	专家	资深专家	权威
技术族	T1	T2	T3	T4	T5	T6
专业族	S1	S2	S3	S4	S5	S6
市场族	M1	M2	M3	M4	M5	M6

在腾讯专业发展通道晋升上，每年会进行两次评估，如果评估合格就会晋升一个子级，子级别达到职业等以后再升就是一个大级。晋升的标准主要分为两部分：一是硬性指标，主要是考核成绩、工作年限、在此前等级的停留年限、所负责业务核心程度、是否有重大贡献等；二是在专业发展通道面试中进行答辩的成绩。

腾讯为员工提供的两个晋升通道并不是非此即彼的关系，而是存在互换的关系。比如，专业三级往往对应基层管理者，专业四级往往对应中层管理者；基层管理者本身都保留着高级专业通道，并且需要积累足够的项目经验，专业度得到提升，通过授课来提升自身的专业等级；中层管理者一般也会保持着自己四级专家职级或者3.3级专业职级，只不过到中层管理者以后，专业通道的作用会逐步淡化。

其实，在不少同行企业中，管理发展通道和专业发展通道是可以互换的。换句话说，也是为一些专业能力很强，但不愿意走管理路线的员工提供更大的发展空间。腾讯的双通道职业发展体系给予了员工巨大的奋斗动力和更好的发展前景，也给腾讯带来了更多上升与发展的空间。

基层干部培养："育龙计划"+"潜龙计划"

"育龙计划"和"潜龙计划"是腾讯在2006年推出的，主要是针对基层干部的人才培养。在这两个计划中，腾讯提供了近300门面授通用课程和专业能力课程，内容涵盖职场各个阶段的能力提升，帮助基层干部提升自身的技术能力和工作效率。

"育龙计划"是针对以管理为发展方向的高潜员工而特别设计的领导力发展项目，让受训者能够转变角色定位、了解高效团队、学会工作管理、与他人沟通等，初步熏陶其管理意识，由各BG实施培养。"育龙计划"主要是为了不断培养内部不同层级的储备干部，以保证企业基层干部队伍的强大。随着腾讯业务的快速增长，腾讯出现许多核心人才缺口。因此，人力资源部提出"育龙计划"的措施，能够帮助企业加快后备管理人才的培养，这对腾讯来说就非常重要。

对于未来一年内计划晋升的储备干部，腾讯提出了"潜龙计划"。参加这一计划的储备干部，要通过三天面授、研讨、案例分析、考试交流等学习环节，在管理干部的角色认知、对人才的选育用留的管理技能、团队管理与公司制度等方面深入学习。同时，腾讯还会为每位学员们配备导师，安排挑战性任务，进行持续的在岗培训，帮助员工提升自身的技能水平、管理意识以及团队管理水平。最后，通过结业考试综合考评帮助高潜员工者走好管理之路。

中层干部培养："飞龙计划"

腾讯公司作为中国著名的互联网企业，随着业务的高速增长，在各个业务领域都需要一批能够帮助企业未来蓬勃发展的后备领军人才。因此，腾讯对现有的后备人才在行业洞察力、商业能力以及领导力方面提出了更高的要求，以适应企业的高速发展。

为了帮助员工提升核心能力水平、拓展前瞻视野，更好地拥抱并适应组织变革，腾讯学院设计了"后备管理干部加速发展项目——飞龙计划"（简称"飞龙计划"）。"飞龙计划"主要是针对中层干部培养，为企业储备中层干部力量。"飞龙计划"通常为期半年，主要分为"三次集中的学习模块"，除了面授课程和沙龙分享以外，评鉴中心、行动学习和产品体验等学习方式也成为"飞龙计划"的核心环节。

那么，"飞龙计划"给腾讯带来了什么呢？

1. 帮助与激发学员认识与反思自己

"飞龙计划"第一次集中的学习模块主要是围绕着"帮助员工全面地认识自己、提升战略决策能力、开阔前瞻视野以及商业意识方面的短板"来设计。

（1）通过面授课程，让员工能够站高一点看问题

"飞龙计划"主要是为了能够让更多的员工有机会接触到高层，对公司战略有更深刻的理解和思考，能够站在"高一点"的角度看待问题。在每期项目开班时，项目组都会安排"总办面对面"环节，让员工与高层进行两个小时左右的坦诚沟通。当然，在活动现场也会经常碰到很多员工提问尖锐的问题。例如，为何企业要进行某项决策？总办是否考虑到可能带来的问题？执行该决策能够带来哪些好处？……通过这样的面对面交流，不仅能让员工真正了解企业战略决策背后的思考，也能帮助员工站在企业层面上思考问题，而不是站在单个业务层面上来看问题。

（2）组建评鉴中心，让员工更深层次地认识自己

"飞龙计划"的评鉴中心采取公文筐、团队会议和下属辅导三种测评工具结合的方式，在一天时间内迅速诊断员工在综合管理、前瞻思考以及战略决策等方面的能力水平。为贴合腾讯本身偏于前瞻、"软件""硬件"结合的业务性质，"飞龙计划"选取高技术企业的成功案例，并提供了一份详细的企业情况说明，将员工置身于尽可能真实的模拟企业环境中。这份企业说明包含企业规模、经营理念、行业地位、核心业务、主要竞争对手、文化价值观以及各细分业务领域的经营数据和分析细则等诸多信息。在阅读完背景资料后，员工将迎来公文筐、团队会议和下属辅导三项任务。

首先，公文筐模拟日常管理决策的场景，要求员工在两个小时内，阅读十封邮件并解决其中的问题，邮件中所描述的场景涵盖了团队与人才、跨部门合作、商业机会、寻找供应商等各类企业常见的经营问题。

其次，团队会议属于挑战环节。要求四至五名同一级别的员工，在详细阅读企业经营核心数据后，要拟定出企业未来三年的战略目标以及未来一年最重要的工作项目。每位员工需要表达自己的看法与建议，然后进入团队讨论，最终找到适合企业未来发展的战略目标以及需要执行的重点项目。

最后，下属辅导环节侧重考察员工的下属辅导能力，在这一环节中，员工作为新上任的管理者，会收到很多来自下属不同方面的问题反馈和投诉，包括下属在跨团队合作、团队管理以及团队执行任务中的问题。员工需要在 45 分钟的沟通中帮助下属认识到自己存在的问题，并帮助其找到应对目前问题与挑战的解决方法。

这里值得一提的是,"飞龙计划"的评鉴中心已经完全内化,腾讯学院不仅培养出了一批内部的测评师、工作人员和演员,还实现了测评报告的内部撰写。这些由内部的中层管理者和专家组成的测评师队伍,主要是由于腾讯内部人员更加了解腾讯的工作方式、管理风格、战略方向以及业务挑战,才能给予员工更有针对性的测评反馈和测评报告,为员工未来的工作和发展提供有力的参考价值。

(3)通过电脑模拟商战,让员工学习企业经营管理

针对企业经营主题,"飞龙计划"将员工分为五到六组进行电脑模拟商战,每个小组分别模拟一家企业的高管团队,而各"企业"则是在同一个行业中的竞争对手。在每个小组中,员工自然而然形成管理职务分工,例如,谁更适合做 CEO、谁更适合把控风险、谁更适合担任财务的职位等。各小组需要讨论决定企业本轮在产品技术、广告、市场、运营等方面的投入。经过几轮的模拟,看最终哪家"企业"能在竞争中取胜。通过这种教学方式,员工能更直观地感受到企业经营是如何进行思考与决策的,让员工更真实地学习相关的市场营销、用户分析、经营决策和财务管理等方面的知识与技能。

(4)把握行动力学习,不断提高思考能力

行动学习是"飞龙计划"中非常关键的环节,学员以组为单位进行为期半年的课题研究。在行动学习中,各组最重要的任务是了解行动学习的基本概念和方法,并确定各组的研究课题。"飞龙计划"的选题需要符合腾讯实际业务和经营管理挑战,比如互联网金融、互联网医疗、互联网服务等前沿领域的研究与探讨,或者是如何提升管理效能、如何提高管理水平等管理难题。通过对这些课题进行研究与讨论,能够较好地提升员工的跨界思考、前瞻分析以及解决

复杂难题的能力。

由于员工研究的课题，都是腾讯前沿领域及核心管理挑战的研究，所以在最终的毕业典礼时，腾讯学院会邀请企业最高层级的总办领导担任评委，听取每个员工的详细汇报，并对汇报内容进行提问与点评，让员工对自己的学习、研究以及思考有清晰的方向。

2. 让每个员工更加深刻地理解管理经营

虽然腾讯公司的核心管理干部对于团队的日常管理都驾轻就熟，但腾讯学院还是会通过第二次集中的学习模块，加深各管理干部对团队的管理，尤其是对变革管理的理解与运用。

（1）模拟变革管理，让员工更深刻地了解变革

腾讯作为一家变革是常态的互联网公司，遭遇到最难的管理问题之一就是如何进行变革管理——在遇到团队组织结构大调整或者业务方向大调整的时候，管理者如何帮助下属认清变革的价值与方向，鼓舞下属激情满满地去迎接变革？对于这样的问题，常规面授课程可能无法达到很好的效果，"飞龙计划"引入了《变革管理》的电脑模拟课程——各组员工成了一家企业的最高决策者，面临着一个企业当中巨大的变革调整，在变革的不同阶段，员工可以尝试选择不同的管理，并观察采取这些管理后出现的状况以及察觉出变革能否顺利推动。经过这样的模拟，员工对于变革有了更深刻的认识，也能提升应对变革的管理能力。

（2）开展体验式学习，让员工"自然"地接受改变

在员工培训中，灌输式培训往往让人觉得反感，而员工更想要的是能够拥有自己思考的成果。所以，"飞龙计划"也在逐步减少常

规面授课程，强化让员工自己思考的学习方式，其中体验式学习就是一种很好的载体。近几年，腾讯公司尝试过棒球、橄榄球等户外活动来提升员工的竞技技能，了解员工之间的优势，让员工学会不断思考如何进行团队配合，如何制定企业策略，甚至学会分析竞争对手战术和对策等内容。这样的活动能够给员工留下深刻的印象，在最后的各组总结中，员工也能通过这些活动反思到日常工作中的不足和优化思考。因此，体验式学习不仅能更好地促进员工之间的相互了解和团队合作，也能让员工意识到自身存在的不足，并"自然"地去进行改变。

（3）行动学习汇报与评审

在每次集中的学习之后，各小组至少每两周开展一次行动学习研讨。由各小组员工自行协调研讨时间，制定每周研讨任务，分配课后作业，最终输出完整的解决方案。经过不断地探讨和调整，"飞龙计划"形成了有"腾讯特色"的"行动学习辅导团队"。

在学习汇报与评审环节主要是让员工按小组汇报行动学习课题以及初步解决方案，接受评审专家的打分与建议。目前，"飞龙计划"的评审专家主要分为两部分：一是 HR 专家，他们主要负责考察行动学习研究的逻辑与思考是否顺畅；二是研究课题的专家，通常是来自战略发展部以及相关专业领域的专家，负责评估员工的研究方向以及帮助员工查看解决方案能否真正解决问题。

在员工汇报完课题之后，由评委点评，指出目前研究课题存在的不足以及需要改进的地方，并对下一阶段研究提出可行的建议与方法，通过多次的评审反馈和课题指导，保证最终能产出高质量的行动学习研究成果。而对员工来说，行动学习评审环节也是一个再思考的过程,能够帮助员工更全面地思考业务生态、用户价值以及企业发展方向,同时提升自身分析问题的技能和解决问题的思考逻辑。

3. 不断拓展员工的视野和思维

在"飞龙计划"中,提升产品能力、拓展前瞻视野是较为核心的培养目标。因此,"产品 PK 赛"和沙龙分享是第三次集中的学习模块的重要环节。

(1)开展"产品 PK 赛",让员工找出产品的不足之处

"产品 PK 赛"是"飞龙计划"中具有腾讯特色的环节。这个环节会选择三款企业或投资公司的产品,提前四周左右的时间,让每两个组的员工体验一款产品,并思考一个问题:"假如我是产品负责人,将怎样优化、改善这个产品?"最终进行汇报竞赛。

腾讯学院挑选这些体验产品也需要满足以下三个方面:第一,选择代表企业未来业务方向的产品类型,比如近两年更偏重移动端产品;第二,所选择的产品具有相同量级的竞争对手,让员工通过对比找出产品需要改进的地方;第三,由于员工基本是业务方面的专家,因此,选择的产品也是口碑和品质较好的,这样对员工和产品也才有更大的价值和发挥空间。每组体验完产品后,需要做好改进建议的报告,分析产品的定位、优点与不足,并针对竞品进行分析,最终给出产品的优化建议。

在"产品 PK 赛"的汇报环节,腾讯学院会邀请被体验产品的第一负责人来到现场,聆听员工的"找茬",吸收有价值的建议与方法,并对员工分析中不足之处给予反馈和建议。同时,产品负责人也会提出自己的困扰,现场员工再次进行分析与思考,提出具体的解决方案与建议。腾讯学院每次在这个环节结束后都会对产品负责

人进行回访，大部分产品负责人是肯定这种学习方式的，也对员工给予的优化建议表示感谢。

（2）沙龙分享，拓宽视野

当员工晋升为中层管理干部后，他们面临的挑战不是专业本身，而是来自新的要求与挑战，以及自身思维的局限和能力的不足。因此，沙龙分享更注重这些方面的学习与指导。"飞龙计划"会邀请企业负责公关的中层管理干部给员工分享公关应对和危机管理方面的内容，来提升员工风险管理意识和危机应对技巧。除了内部嘉宾分享，腾讯也会邀请不同领域的外部嘉宾来开拓中层管理干部的视野和思维方式。这两年，腾讯比较强调企业家精神。"飞龙计划"会邀请合作伙伴的CEO给员工分享如何利用小团队以及有限的资源克服种种困难，做出一款满足大众需求的产品。针对精细化运营主题，项目组邀请了热门影视作品的运营负责人来分享其在营造粉丝效应、电影造势方面的经验与技巧。

4. 结业典礼，深化学习成果

结业典礼是"飞龙计划"中非常重要的环节，对于员工的成长和反思具有一定的价值。一方面，在行动学习汇报环节，总办评委会对员工的研究成果进行点评与总结，肯定其中有价值的思考和实践，也会指出存在的局限和不足。这个环节能帮助员工从更高的角度，比如企业整体战略计划、整个行业的发展趋势、互联网生态发展等方面去思考问题。另一方面，在毕业典礼结束后，还会进行项目总结环节，主持人帮助员工总结在项目期间的学习、思考、成长等，帮助员工更深入地思考所学内容如何更好地运用到实际工作中去。

此外，在每期"飞龙计划"结束后，腾讯学院项目组还会进行多维度的核心人员访谈以及项目团队对关键成功要素的分析和反思，总结本期"飞龙计划"的成果是否达到了最初的目标和期待，并为下一期"飞龙计划"继续寻找可优化的行动目标。

正是腾讯学院不断精益求精、敏捷迭代的努力，"飞龙计划"才能不断提升项目品质和人才培养效果，最终成为能获得 ATD 认可的人才培养项目，并被授予最具有含金量的"卓越实践奖"。"飞龙计划"作为腾讯的经典领导力培养项目，最具腾讯特色的培养项目，为腾讯的高速发展提供了充足的人才储备。腾讯迄今培养出了多名核心管理干部，公司内部 70% 以上的中层管理者都是飞龙学员。

青年英才计划：20% 晋升机会给年轻人

2018 年底，在腾讯员工大会上，马化腾表示，"对于管理干部，要做到能上能下，干部不是终身制。同时，在干部提升方面，我们会拿出 20% 名额优先倾斜更年轻的干部，希望未来有更多年轻人脱颖而出。"

腾讯总裁刘炽平也表态称："在未来一年内，有 10% 不再胜任的管理干部要退。尤其在中干这个领域，腾讯将会在几个月之内很快完成 10% 的目标。"在 2018 年 11 月 9 日腾讯公司 20 周年司庆活动中，腾讯总裁刘炽平代表腾讯总办宣布正式启动"青年英才计划"，每年将把 20% 的晋升机会给年轻人，希望通过更多的方式激励年轻人进步及获得更多发展空间。这是腾讯时隔八年又一次做出了组织架构调整，无论是新成立的事业群还是被调整后打散的事业群，都需要强大的人才支撑，这就是要腾讯增加新鲜的"活力"。

对于腾讯公司来说，想要企业保持年轻的状态非常重要。腾讯的"青年英才计划"就是希望通过注入年轻人，给予年轻人更多成长与发展的机会，同时鼓励年轻人要站出来争取机会，保证企业内部人员的流动性，让年轻人不断成长的同时，也让企业不断发展。那么，给予年轻人机会，势必要进行"新陈代谢"，也就是人员流动。腾讯在这一方面会设置新的岗位给后起之秀——年轻人，同时在激励方面，设立现有体系以外的奖励计划，用于激励有潜力、对企业未来很有贡献的青年人。在干部体系上，腾讯加大淘汰力度，要求每年有一定比例的管理干部要退下来，通过鼓励"能上能下"的文化，打破干部终身制的体系。刘炽平还说，"你有能力的时候，我们很快让你上去。但是如果你到一定程度打疲了，就先下来，如果有合适的机会就再上去。"

腾讯的"青年英才计划"让企业能够培养更多年轻人才，也为企业拥有新的思维、新的点子、新的创意、新的产品创造了条件，为企业的进一步发展奠定了基础。

第 6 章
CHAPTER 6
荣誉：让员工获得心理上的满足

企业想要让员工心理上感到满足，就要给予员工足够的荣誉感，对员工的劳动态度和贡献予以奖励，让员工意识到企业给予的发展空间，让员工对企业产生归属感和认同感，进一步满足员工的自尊和自我实现的需求，激发员工的积极性和创造性。腾讯在这一点上就做得很好，例如给予员工充分的尊重；让员工参与企业各种项目工作；让员工做标杆，起带头示范作用；给予员工各种荣誉，满足员工的荣誉感；关心员工的工作与生活……

让员工参与

与员工切身利益息息相关的事，不是老板拍脑袋，不是靠HR的经验判断，而是让员工参与进来。就像做互联网产品一样，让用户参与设计很重要。员工参与管理对员工和企业双方都有益处。很多时候企业以为自己做得是聪明的决策，实际上的真实效果需要用户反馈来验证。腾讯公司高级副总裁奚丹在谈到关于腾讯如何做新员工的企业文化培训时，也强调让员工参与。腾讯早期的新员工培训，也是以灌输式的企业文化课程为主的培训。这种方式偏向于单向说教，腾讯人力资源管理人员也一直在琢磨怎么样让新员工进入公司以后能够真正理解腾讯的企业文化是什么，想让新员工可以快速融入腾讯这个"大家庭"。

随着腾讯公司的不断强大，员工越来越多，由负责内部员工培训的腾讯学院牵头，在新员工培训上进行了调整，把授课的时间缩短，增加一项课后作业：寻找腾讯达人。要求新员工在几天时间里任意找一位公司老同事进行访谈，挖掘他们身上最能体现企业文化的故事，然后分组进行讨论和分享。这样一个小小的调整却带来了非常大的变化，过去的新员工特别是技术员工都相对比较害羞，只喜欢跟自己团队的同事交流，有了达人访谈之后就变得非常主动。

在公司电梯里、食堂里，羞涩的技术员工都会主动和老同事攀谈，在了解了腾讯老故事的同时，让新员工对公司的文化有了更深的感性认识，同时也建立了新员工在公司里的广泛人脉。

因此，企业在人力资源管理上，一定要让员工参与，让员工更好地理解企业文化和参与企业管理。

其实，不同的员工在参与管理形式上会体现出不同的能力，带来的参与管理效果也会有所差异，而且同一种员工参与管理形式在不同的组织内部也会产生不同的参与效果，这就涉及员工参与管理的一个关键性问题，即员工参与管理的有效性。员工参与管理的有效性对实现企业目标和员工自身价值起着关键的作用。那么，企业如何提高员工参与管理的有效性呢？可以从以下几个方面考虑：

1. 调整组织结构

不同形式的组织结构会对组织内部的沟通交流效果产生重要影响，同时也影响着企业员工的参与意识。例如，腾讯每次进行组织架构调整时，都会不断地减少管理层级和管理宽度，为的是能够促进沟通渠道畅通，能够提高员工的参与意识，促使员工充分参与管理，让员工获得心理上的满足，不断提高工作效率和管理效益。

2. 选择合适的参与方式

在影响员工参与管理的八个因素中，其中就有企业所需决策问题的性质类型、员工的能力素质和参与意识这两大影响因素。因此，企业在选择员工参与管理方式时，应该综合考虑企业所需决策问题的性质类型以及员工的知识文化水平、参与管理的经验、参与管理的意愿等自身特点这两大因素。例如，腾讯在新产品研发时，都会让员工自主选择合适的方式开展工作，同时腾讯的高层管理也会积极参与其中。这种自主选择的方式让员工获得了充分的满足感。

3. 加强对员工的培训

员工参与管理不仅仅需要具备强烈的参与意识，更需要具备一定的参与能力和相应的知识技能。为了提高员工参与管理的有效性，企业要注重结合企业发展的实际情况，对员工进行与其岗位相关的技能培训和能力锻炼，不断提高员工参与管理的能力和意识，为员工积累参与管理的经验与方法，促使员工更有效地参与企业的管理。在员工的培训方面，腾讯做得非常好，例如新员工的入职培训、定期的职业发展培训、"飞龙计划"、腾讯学院等。

4. 注重对员工的引导

员工参与管理意识具有一定的自发性，但要保证员工参与管理的有效性，那么日常工作中就必须注重向员工充分、及时、有效地传达企业内外部有关信息，加强对员工进行适当的引导，让员工了解和明确企业面临的市场形势、自身的工作目标及企业未来工作重点，让员工增强参与管理的使命感。

5. 重视管理层与员工的沟通交流

有效的沟通交流是企业内部正常运转的基本要求，也是提高员工工作能力的有效手段。通过有效的沟通交流，不仅可以缩短员工与管理者之间的距离，也可以从心灵上挖掘员工的内驱力，有利于企业各项工作的顺利开展。在日常工作中，管理层与员工沟通和相处得越好，员工参与的效果就越好，员工的参与积极性也就越高。在腾讯内部有很多便捷的电子化沟通平台，如 RTX/BBS 等，员工可以把各种问题向各个论坛抛出，总办成员或公司管理层会进行解答。除此之外，腾讯每两周还会举办一次"总办午餐交流日"，员工可以近距离与高层一起探讨各种工作问题。

因此，企业的成功离不开员工的积极参与，提高员工参与管理的有效性，是企业制胜的法宝。让员工参与管理，对员工而言，能够发挥他们的聪明才智，改善企业的人际关系，锻炼他们的工作能力，实现自我价值；对企业而言，让员工参与能够有效地降低成本、提高效率、增强企业的经济效益。

尊重员工

腾讯非常尊重员工，并让这种尊重渗透到企业文化之中，使其成为企业文化的一部分。在不影响企业愿景发展的情况下，腾讯会引导每一名员工建立共同的愿景和使命，让员工与腾讯共同进步，尤其是腾讯已经建立起来的品牌和用户影响力，让腾讯的每一位员工都感受到自身工作的价值以及在腾讯工作的成就感，让员工备受尊重。马化腾花了多年工夫建立起来的共同价值观，对腾讯员工产生了强大的内聚力，员工为了共同的目标一起奋斗。同时，腾讯的经营理念和管理理念也让员工真正感受到自己在公司、在社会得到了应有的尊重和重视，而这也正是腾讯能够发展得如此快速的原因之一。

其实尊重员工，最主要体现在沟通上。尊重员工，是坚持以人为本管理的重要条件，也是企业走向人本管理的重要一步。玛丽·凯认为："企业成败的关键在于是否把员工视为最重要的财产，是否尊重每一个员工。如果做到这一点，就能依靠员工创造出不同凡响的业绩。"《孙子兵法》中也讲"视卒如婴儿""视卒如爱子"，尊重和关心每一个员工是企业凝聚力的关键所在。说到底，就是在企业管理中多点人情味，有利于赢得员工对企业的认同感和忠诚度，才能真正俘获员工的"心"，才能在竞争中无往不胜。腾讯作为中国最早的互联网即时通信提供商，一直把尊重员工放在第一位，尽力给予员工足够的荣誉感。尊重不仅体现在上级与下级、平级员工之间的交流，更体现在员工能够自己做决定，尤其是员工的离职选择，腾讯给予了极大的尊重。尊重员工作为腾讯企业文化的一部分，腾讯一直在努力将其做好。

那么，如何像腾讯一样，做到充分尊重每一名员工呢？

1. 学会打破等级观念

作为企业领导或者管理者，尊重员工的前提就是要把自己和员工放在平等的位置上，强调企业中的平民文化。领导者要学会尊重员工，并经常同员工进行开放式的沟通，使企业每一名员工感觉到自己在公司的价值与重要性，收获心理上的满足感。

2. 对待每一名员工要努力做到公平公正

企业领导不能从个人偏好出发而刻意喜欢或者厌恶某一名员工，领导者要认识到，每一名员工都是企业的成员，员工对企业的存在和发展具有同样重要的作用。领导者无论是对谁好，还是对谁坏，都会影响到某些员工的工作积极性与热情度，只有做到一视同仁，公平公正地对待每一名员工，才能调动所有员工的积极性和工作热情，才能为企业创造更多的价值。

3. 要善待底层员工

在企业管理中，等级关系主要体现在职位的高低上面：职位高的人一般更容易获得尊重；职位低或者没有职位的底层员工可能不易被人重视，享受到的尊重也没有职位高的员工来得多。作为一名领导者，如果能够善待每一名员工，尤其是那些不被人重视的底层员工，那么领导者的亲和力就会体现得愈加明显，底层员工也会因为自己被领导重视而获得满足感和荣誉感，从而加深对企业的归属感。

4. 要充分尊重与信任每一名员工

其实，在实际工作中，领导者常常埋怨员工没有自信心、缺乏责任感、没有团队精神，进而不尊重和认可员工的工作能力或者想法。但反过来想，如果领导者可以充分尊重和认可员工，那么员工就不会缺乏自信心、责任感以及团队精神了。自信和责任受制于主观和客观两个方面，领导的信任就是一个很重要的客观条件，领导的信任是提升员工自信心和责任感的重要因素，作为领导者，应该充分信任每一名员工，给予员工心理上足够的成就感。

5. 不要轻易辞退任何一名员工

不轻易辞退员工有利于培养员工的归属感。腾讯公司在这方面就做得很好，他们的职工一经聘任，决不轻易辞退。因为员工能够对企业产生归属感，其前提就是企业能把员工当作企业的一部分，不会随意舍弃他们，能够做到这一点也是充分体现了尊重员工。

6. 要尊重辞职或离职的员工

对于老员工，尤其是一些为企业发展做出过很多贡献的员工，即使他们已经不再为企业工作了，但领导也要时常关注他们、关心他们，让他们在辞职或离职之后依旧享受到尊重与荣誉。这样做的好处不仅体现了领导的亲和力，而且也会对现有的员工产生示范效应，能让员工感受到企业的温暖。因为在大多数员工看来，一个企业，如果连辞职和离职的员工都能尊重与关心，那么，也会相信企业能够给予他们足够的尊重和关心。

为员工带头示范

企业作为一个有机整体，其每个成员都是相互联系的，领导者怎样做，员工就会跟着效仿。因此，在日常的工作中，领导者要在关键时刻为员工树立榜样，这样才能起到带头示范作用，才能有效地激励员工。因为一个企业的领导者非常优秀，对于企业的员工来说，也会因为被优秀的领导所带领而感到自豪，从而满足了员工心理上的荣誉感。

在腾讯，企业一直致力于营造良好的企业文化氛围，马化腾也用自己的实际行动为员工展现腾讯特色企业文化，给员工树立良好的榜样。马化腾并没有因为自己是领导者的身份，就抬高自己的地位，而是作为员工的朋友与员工打成一片，在员工遇到工作问题或者技术问题时，能够给予有效的答复和解决方法，让员工备受感动。

其实，领导者作为企业的灵魂人物，是全体员工学习和效仿的榜样。因此，作为领导者一定要时刻注意自己的言行举止，为员工起带头示范作用，避免造成负面影响。领导者应该如何起带头示范作用呢？

1. 切身行动好过说教

领导者只有把说与做结合起来，用实际行动做给员工看，才更有说服力。把"照我说的做"改为"照我做的做"才能真正起到带头示范的作用。例如，腾讯在一次特殊的管理层扩大会议上，模拟中央电视台的《对话》节目，把管理层领导请到台上，为员工现身展示腾讯的企业文化。奚丹也说："领导们站到台前的现身说法，效果比直接的宣传说教要好很多倍。"所以，作为企业的领导者，要时时关注自己的言行举止，给员工做好榜样。

2. 时刻严格要求自己

领导者在与员工沟通交流的过程中，要注意发挥示范效应。想要达到这个目标，就要在做到"严于律己"的同时，把律己的影响力辐射到全体员工，在企业中产生反响。要让员工感受到，企业领导既是企业中人事制度与政策的制定者，又是模范的执行者。腾讯对管理干部的要求更多，同时还通过"潜龙计划""飞龙计划"等不断提升管理层的素质，希望通过上行下效的方式，影响其他员工。所以，作为一名企业的领导者，要时刻严格要求自己。

3. 学会赞美员工

领导的赞扬不仅表明了领导对员工的肯定和赏识，还表明领导很关注员工，对员工的一言一行都很关心。一个会赞美员工、欣赏员工的领导者会让员工对工作更有积极性，觉得自己选对了企业，也会尽全力把工作做好。

4. 不畏惧困难与挫折

在面对困难和挫折时，领导者能与员工一起面对，员工会因为有领导者的陪伴，更加努力地工作，从而迎难而上，克服困难与挫折。例如，微信从研发、测试、上市、优化、更新等一系列的过程中，遇到过无数的困难与挑战，有些员工认为微信不可能成功，但是腾讯副总裁张小龙一直坚持，与员工一起接受挑战，最后微信终于成为大众最受欢迎的聊天工具。

给予员工各种荣誉

荣誉是激励员工的有效手段之一。一般来说，优秀的企业都具备雄厚的企业文化，拥有一套完善的荣誉奖励制度，尊重员工的劳动成果和个人价值，能够给予员工各种荣誉，提高员工对企业的价值认同感与归属感，通过奖惩分明，提高员工的积极性，让员工更加热情地投入到工作中去，为企业创造更多的价值。这样的企业不仅能够留住员工的人还能留住员工的"心"，同时还能吸引社会精英的加入，提高企业的生产效益和核心竞争力。

在腾讯，有一个最高荣誉——名品堂，该奖项就是针对员工制定的内部激励产品和品牌。名品堂首先是明确给予这些取得行业领先成就的团队殿堂级的荣誉，将员工的荣誉载入腾讯的史册。同时，奖项的背后有着丰富的奖金。奖金的分配不按工作量或人头计算，而是对标团队所取得的成绩去兑现价值，不论团队大小，以成就定奖励。

当然，腾讯还会运用五档绩效考核来奖励员工，让员工感到满足。腾讯通过绩效考核的方式，区分出特别优秀和特别差的员工，同时对于大部分有自己优缺点或者特点的员工，尽量给予真正能帮助他们成长的绩效方式，帮助他们认识自己的优势和不足，帮助他们不断提升自己。

除此之外，腾讯还会给予员工各种荣誉，如会议表彰、发荣誉证书、光荣榜、在企业内外媒体上的宣传报道、游览观光、疗养、外出培训进修、推荐获取社会荣誉、评选星级标兵等，腾讯这么做主要是对员工劳动态度和贡献成果予以肯定，使员工自我价值得到最大限度的实现，激励员工再接再厉为企业创造出新的辉煌业绩，做出更大更多的贡献。

其实，对于给予员工荣誉，不同企业的性质和企业文化不同，制定的荣誉激励措施也不同。企业应该制定符合自己的荣誉激励制度，才能使每个员工都有机会获得荣誉感，一般可以从以下几个方面入手：

1. 对爱岗敬业员工进行表彰

普通员工，可能没有很强的工作能力，却有爱岗敬业和精益求精的态度；可能没有拔尖的意愿，却有团结协作和乐于助人的精神。对于这些员工，企业可以通过积累业绩、积累年限、特长专长等给予物质或者精神上的奖励。例如，腾讯会给那些爱岗敬业、对工作认真的员工颁发荣誉证书，并将他们记录在每月的光荣榜上。

2. 对业务能手荣誉的表彰

对于销售型企业，在本职工作的基础上提高销量、开发大量客户、拓展市场的优秀员工或有显著业绩的代理商；对于生产型企业，在本职或非本职研发攻关、刻苦钻研、技术革新的员工……企业可以对以上这些员工的成绩进行鉴定、筛选和评比，授予员工"状元""能手""标兵"等的荣誉称号，让他们获得荣誉感。

3. 对精英团队进行荣誉表彰

重视对为企业做出重大贡献团队的荣誉表彰，通过物质和精神上的双重奖励，肯定团队的能力与业绩，鼓励团队为企业做出更大的贡献。对团队的表彰要大张旗鼓地进行，通过各种新媒体形式制作选出团队的业绩展示，扩大团队的影响，实现了历史的见证和备案，让团队感受到企业对他们的重视，从而进一步激发员工的工作热情，为企业做出更大的成绩。当然，这对其他未受到表扬的员工也能起到一定的激励作用。腾讯在每年年底会举办员工大会，会对年度先进团队进行表彰。

4. 进行周期评选的荣誉表彰

周期性评比有一年一度的先进员工、优秀团队的流动红旗、优秀部门的奖励等，表彰对企业做出重大贡献的团队和个人。这种周期性的荣誉表彰能够使员工在每个时间段都有一个努力的目标，员工也能为了得到该荣誉而努力工作，努力创造好的业绩。

5. 对专项荣誉奖的表彰

在各自工作专业领域中做出了远超于其他员工的优秀表现，以及为创建企业长期竞争优势、提升企业核心竞争力做出了突出贡献的优秀员工，给予特别荣誉称号，如老员工的"常青树"称号、新员工的"青春之星"、市场专业的"营销精英"、移动互联网专业的"4G达人"等，对于做出特殊贡献的团队也给予"精英团队"的荣誉称号。

给予员工各种荣誉，有利于引导员工不断追求、不断超越自己，从而形成巨大的内生动力，更加积极地去争取。

关心员工的工作和生活

关注员工的工作和生活，对企业的发展至关重要。一方面，企业战略目标的实现，与员工的努力有着密切的联系，只有解决了员工的后顾之忧，才能让员工全身心地投入工作，并创造出好的业绩；另一方面，企业关心员工的工作与生活，帮助员工实现工作和生活的平衡，对留住优秀员工也有一定的影响。因此，企业在人力资源管理上，应该加强对员工工作与生活的关心，必须将"工作与生活平衡"作为人力资源管理的一项重要内容，从对员工的人性化关怀方面给予员工一种精神上的鼓励。

在腾讯，领导对员工的关心可谓细致入微。除了营造良好的工作环境外，还十分重视员工工作与生活之间的平衡。在不影响企业正常运营的情况下，腾讯为员工提供了丰富多彩的业余生活。从某种程度上来说，增加员工的业余活动，也是增加交流的一种有效方式，有利于员工之间感情的培养，更有利于工作的顺利进行。腾讯公司在成立之初就专门建立了业余体育协会，除了定期组织员工参加各类体育竞赛外，每周一到周五还会依次安排羽毛球、篮球、足球、排球、网球和乒乓球等活动，就是为了协调员工的工作与生活，让员工以更好的心态去面对工作。

此外，腾讯还会经常组织员工旅游以及参加一些文艺活动等。通过丰富多彩的业余活动来丰富员工的生活，减轻员工的工作压力，让员工能够以更加健康的身心投入到工作中去。其实，这么做更重要的一点是，在一定程度上大大增强了员工的凝聚力和员工的满足感、自豪感。另外，腾讯还有一年一度的腾讯派对，腾讯的主要管理者都会上台表演节目，和员工共同庆祝这一年的收获成果。

那么，企业如何真正做到关心员工的工作和生活呢？

1. 通过实际行动支持和关心员工

作为企业领导者首先要以身作则，通过实际行动支持和关心员工，给员工营造不一样的工作氛围，让员工知道企业在关心他们。好的企业文化能够让员工相信企业的发展和对员工的待遇福利。例如，腾讯了解到员工的住房需求，为了让员工能够安心工作，启动了"安居计划"，帮助员工解决住房的后顾之忧。

2. 开展宣传教育活动，对全体员工贯彻"生活和工作平衡"的理念

企业的人力资源部会定期举办一些讲座、论坛、沙龙甚至茶话会等非正式的交流活动，循序渐进地引导和启发全体员工接受"生活和工作平衡"的理念。腾讯会不定期地为员工举办各种各样的活动,例如"关爱大讲堂",为的是让员工缓解各种压力,正确处理好生活与工作。

3. 辅导员工学习实现"工作和生活平衡"的技巧

人力资源部可以辅导员工进行职业生涯规划,实现工作与生活的平衡;可以倡导上下级之间充分沟通,合理分配工作时间;可以开展一些生活技巧的培训课程,帮助员工解决生活中的问题。在腾讯内部,如果员工有关于工作或者生活上的问题,腾讯会有相关领域的专家帮忙解决问题,并提供有效的解决技巧,帮助员工解决工作与生活的难题。

4. 关心员工的身体健康状况

人力资源部要关心和检查员工的健康状况,告诉已经在不平衡状态中的员工要及时采取相应的措施。关注员工的健康状况不能只停留在报销医药费、定期体检等传统项目上,还要主动对员工进行更为广泛的健康投资,如日常的健康询问、常用药的提供等。腾讯会为员工提供健康咨询室,帮助员工解决日常的健康问题,而且还聘请资深的医学专家、心理学专家,在员工需要的时候进行一对一的指导。

5. 实施弹性工作制让员工能够自由地安排工作时间

弹性工作制的具体操作形式多种多样,可以包括工作时间的弹性、工作地点的弹性、工作内容的弹性等,这样能够让员工更好地保持高度的工作积极性与热情,让员工更好地为企业奋斗。在实行弹性工作制方面,腾讯做得不错,腾讯绝大多数部门的员工可以自由安排上下班时间，只要保证足够的工作时长即可。

6. 了解员工的日常生活，尽力帮助员工解决后顾之忧

比如，员工结婚时，企业的车借给员工使用；员工家人遇到丧事时，企业特准员工额外的带薪假期或者帮忙张罗；员工经济有困难的，企业给予一定的帮助；员工要买房，企业提供员工无息借款等。例如，腾讯的免费班车，为了满足员工上下班的乘车需求，班车会根据区域进行路线分布安排。

第 三 篇

腾讯的员工招聘和日常管理

腾讯通过规范的、专业的招聘活动，为企业的发展提供及时的、有用的、持续的人力资源支持；通过日常管理、绩效管理以及创新管理等，不断优化人力资源的组织结构，对员工进行有效管理，满足企业的人才需求，保证企业的健康发展。

第 7 章
CHAPTER 7

员工招聘

员工招聘在人力资源管理工作中具有重要的意义。有效的招聘不仅可以提高员工的整体素质、改善企业人员的结构，也可以为企业注入新的管理思想，增添新的活力，甚至带来技术、管理上的重大革新。腾讯在员工招聘上，把人品放在第一位，招聘"有梦想的实力派"，让腾讯的人才队伍不断强大。在公司内部，腾讯还推行"伯乐计划"，让员工有更多的选择机会。这些措施保证了腾讯能够吸收到优质的"新鲜血液"，发挥员工的最大效用。

腾讯新员工招聘途径

招聘是人力资源工作的一部分，想要做好人力资源管理，就要做好新员工的招聘。腾讯作为中国著名的互联网公司，更注重员工的招聘，腾讯通过不同的招聘途径，为企业招揽各方面的人才，以满足企业的稳定发展。

不同的企业在不同的发展阶段会选择不同的途径去招聘企业需要的优秀人才。下面是腾讯常用的几种招聘途径：

1. 现场招聘

现场招聘是一种企业和人才通过第三方提供的场地，进行直接面对面交流，现场完成面试的招聘。现场招聘一般包括招聘会和人才市场两种方式。

招聘会一般由各级政府部门和人才介绍机构发起和组织，通常比较正规，而且大部分的招聘会都有特定的主题，比如"应届毕业生专场""研究生学历人才专场""IT类人才专场"等，根据学历层次、毕业时间、知识技能以及职业性能等进行区分，帮助企业更快地选择适合的专场设置招聘位置进行招聘，选择企业需要的优秀人才。对于这种招聘会，腾讯参加的比较多，因为组织机构一般会先对入会应聘者进行资格的审核,通过初步筛选,能够为腾讯人力资源部节省大量的时间,方便腾讯HR对应聘者进行更加深入的职业与技能考核。

人才市场与招聘会相似,但是招聘会一般为短期集中式且举办地点一般为临时选定的大型的广场或者体育馆,而人才市场则是长期分散式的,地点也比较固定。因此,腾讯在对一些需要进行长期招聘的职位,都会选择人才市场的途径进行招聘。

现场招聘的方式不仅可以帮助腾讯HR节省初次筛选简历的时间成本,同时简历的有效性也较高,而且相较于其他途径,它所需的费用较少,节省了招聘成本。

2. 校园招聘

校园招聘也是腾讯的主要招聘途径之一。每年腾讯都会到各大高校张贴宣传海报,进行宣讲会,吸引即将毕业的学生前来应聘,对于部分优秀的学生,可以由学校推荐,对于一些较为特殊的职位也可以通过学校委托培养后,腾讯直接录用。

因为在腾讯看来,通过校园招聘的学生可塑性较强,干劲充足,工作积极性与热情度比较高。腾讯人力资源部只要对他们进行简单的职业培训就可以正式工作。

3. 网络招聘

网络招聘一般是指企业在网上发布招聘信息,通过对简历进行筛选,然后进行笔试、面试等环节对人才进行招聘。腾讯的网络招聘一般有以下这两种方式:一是腾讯在自己的招聘网站上发布人才招聘信息,吸引应聘者来投简历;二是腾讯与专业招聘网站合作,如中华英才网、智联招聘、前程无忧等,通过这些网站发布人才招聘信息，利用专业网站已有的系统进行人才招聘活动。

由于网络招聘没有地域限制，覆盖面广，受众人数大，可以在较短时间内获取大量应聘者信息，能够满足腾讯的人才需求。

4. 内部招聘

内部招聘是指企业将职位空缺向员工公布并鼓励员工竞争上岗。在腾讯内部有"伯乐计划"，该计划主要是通过员工内部推荐或者内部竞聘帮助腾讯招揽到优秀的人才。这种方法有利于增强员工的流动性，提高员工的满意度和热情度，从而有效留住优秀人才。由于员工对企业的发展战略和业务比较了解，可以较快进入新岗位，不需要企业投入大量的培训成本。

腾讯人才招聘流程

在腾讯，人才招聘流程有统一的标准，主要是为了保证人才招聘质量。

腾讯的人才招聘流程一般是：

部门秘书（接待应聘者）→初试官（专业初试）→复试官（专业复试）→部门 GM（GM 面试）→通道分会成员（通道分会面试）→ HR 面试官（HR 资格面试）→ EVP/VP（EVP/VP 面试）→ HR（背景调查）→ HR 面试官（HR 面试沟通）→部门 GM（GM 录用审批）→审核并确定是否录用→ EVP/VP（EVP/VP 录用、审批）→人力资源部（审核、确定是否录用、备案）。

下面是招聘流程的具体说明：

在接待应聘者环节，由部门秘书负责接待应聘者，引导其进入面试环节；对于高级人才或外地面试人员，需要提前做好安排（机票、食宿等），同时提前知会相关面试官，安排好时间，确保面试顺利开展，招聘 HR 协助完成。

在专业初试环节，初试官主要考察应聘者的知识技能、工作经验与岗位的吻合度，并从专业素质判断其发展潜力；规范填写专业面试考核意见，提出工作岗位安排建议；初试官的任职资格要在专业等级二级职业等及以上，或管理等级一级（Team Leader）及以上，并通过公司招聘调配组组织的专业面试官资格认证。

在专业复试环节，复试官进一步验证应聘者的专业技能能否达到岗位要求，判断其专业发展潜力，还要考察应聘者素质特征是否符合岗位要求，与本团队匹配度，负责澄清初试官面试过程中的疑点；复试官提出的工作岗位和等级安排，并规范填写专业复试面试考核意见。复试官任职资格要在专业等级三级及以上或管理等级一级及以上。

在部门 GM 面试环节，部门 GM 审视上述两轮面试的结果，澄清面试中的疑点，重点关注应聘者与本团队的匹配度，还要了解应聘者的求职动机、薪资要求、岗位要求等问题；部门 GM 要对面试者提出工作岗位和等级安排，并规范填写面试考核意见。

在通道分会面试环节，被评定为专业等级三级及以上或管理等级一级及以上应聘者需参加该环节面试。本环节由通道分会成员对应聘者进行面试，主要考察应聘者的素质特征、文化匹配度、专业技能的水平、发展潜力以及岗位适应性，确定应聘者的工作岗位及等级，并规范填写通道分会面试考核意见。

在 HR 资格面试环节，HR 面试官主要考察应聘者的求职动机、基本素质特征、离职原因、工作稳定性、工作经验与岗位要求的吻合度及薪资水平与期望，并规范填写 HR 资格面试考核意见。HR 面试官的任职资格要在招聘调配通道专业等级二级普通等及以上，或 HR 其他通道专业等级三级及以上，管理等级一级（Team Leader）及以上。

在 EVP/VP 面试环节，被评定为专业等级四级及以上或管理等级二级及以上应聘者需要参加该环节的面试；各 BU（业务单元）认为有必须需要 EVP/VP 面试的应聘者参加该环节的面试，该环节重点关注应聘者的综合素质、文化匹配度以及技能水平，做好与优秀人才的沟通。

在背景调查环节，所有专业职级三级以上岗位和具有管理职级的候选人，特殊职位类候选人，如 HR 类、财经类、采购类所有岗位候选人，所有离职回流人员，以及其他情形的候选人（如部门特别申请需要做背景调查的候选人），需要参加此环节的面试；调查项目要基于诚信的背景调查（适用范围：所有调查对象），要基于胜任素质的背景调查（适用范围：所有具有管理职级的候选人和部门特别申请的候选人）。本环节的调查负责人为招聘 HR 或专业背景调查公司。当然，其他的具体调查要求请参见《背景调查说明》。

在 HR 面试沟通环节，HR 面试官要全面审视面试流程有无遗漏点，处理好候选人的薪资谈判，确定拟录用候选人的岗位安排、工作地点以及薪资水平等信息，对于特殊岗位（三级以上人员、财务、采购、HR 等）的人员做好背景调查，以及优秀人才的说服等工作。HR 面试官的任职资格要在专业等级二级职业等及以上。

在 GM 录用审批环节，部门 GM 要确定是否录用，并确定拟录用人员的工作岗位、工作地点、专业等级、薪资水平等信息。

在 BU 审核并确定是否录用环节，BU/HRM/HRD 要全面审视面试过程的真实性及评价意见的一致性，确保程序公正、客观、规范，是否有招聘编制，还要审视拟录用人员的专业职级、薪资水平是否合理。

在 EVP/VP 录用审批环节，EVP/VP 最终确定是否录用；对于特殊人才或高端人才的录用审批，要处理好岗位设置、薪资水平等问题。

在审核确定是否录用、备案环节，人力资源部要审核面试资格人、面试流程是否达到企业要求；是否有招聘编制；特殊候选人（如回流员工、敏感岗位员工）的录用是否符合企业要求；专业职级是否符合企业的招聘要求。人力资源部还要做好录用人员的编制记录，审批通过后转员工关系组，安排新员工做好报到工作。

"伯乐计划"：内推模式

在腾讯内部有一个内推模式叫作"伯乐计划"，就是通过内部人员向企业推荐人才。马化腾曾说过："员工是企业的第一财富。"所以，招聘人才就是在为企业积累财富。人是企业最核心的第一资产，企业引进优秀人才，就是在为企业增加财富。在腾讯，只要员工为企业成功推荐优秀人才，腾讯都称之为"伯乐"。

其实，早在 2014 年，腾讯的内推模式就相当成熟了。据相关数据反映，2014年1月到10月腾讯的"伯乐计划"对社招的贡献率为将近50%；三级以上员工（腾讯员工中的骨干力量，也是企业最核心的员工）为"伯乐计划"的贡献率超过了50%。腾讯"伯乐计划"的优秀和高效，为腾讯的发展带来了一定的优势。

那么，"伯乐计划"给腾讯带来了哪些好处？

1. 利用雇主品牌打破推荐壁垒

所谓内部推荐，其实体现的是员工对企业的信任度，即员工是否信任这家企业，是否相信这家企业能够有很好的发展，员工在这里工作是否会开心，员工在这家企业工作个人能力是否能够得到发挥，员工个人对目前的状况是否满意等。如果以上这些都能够达到员工所期望的，那么员工会很乐意将自己的同学、朋友、家人或者前同事推荐到这家企业，这就是公司要做好的雇主品牌。雇主品牌就是内部员工对企业的看法和体验，员工由内而外是否愿意主动去传播企业文化，是否愿意在这家企业工作，这是根本上的雇主品牌。雇主品牌很重要，能够让员工愿意主动去传播企业所需要的信息，同时员工也会非常乐意参与到其中。在腾讯，很多"伯乐"都是非常热情的，他们不仅会把企业所需要的人才推荐给企业，还会把该人才的情况跟HR做详细的介绍，并且把该人才的背景、行业口碑都告诉HR。所以，良好的雇主品牌是帮助企业提升企业的信息转化率的关键做法。

2. 采取激励的方式进行传播

一提到激励，最先想到的应该是奖金，奖金肯定是一部分。在腾讯，员工向企业推荐人才会有很丰厚的奖金。例如，推荐二级同事可获得2000~3000元奖金，推荐三级同事可获得5000元左右的奖金，推荐四级同事可获得1万元～2万元的奖金……总之，推荐的同事等级越高，奖金就越多。在腾讯，只要你愿意推荐人才，企业愿意拿出更多的钱来奖励推荐者。除此之外，腾讯为了激励员工推荐人才，还对"伯乐"设置一个积分制度，即把员工分为一到五级的职级体系，推荐不同级别的人入职以后，推荐者可以获得不同的伯乐积分。当推荐者积满15分时，就会被授予一个"超级伯乐"的称号。2018年，腾讯针对"超级伯乐"做了一个特殊的活动——"三年一百城"，即在三年中员工可以选择一百个城市去旅游，由企业出经费支持，而且是双人的，不限性别。腾讯该活动推出至今已经产生了四位"超级伯乐"。第一期的旅游城市包括日本、法国、意大利、土耳其等地，同时还有一个特别有趣的地方——南极。通过这种激励方式，腾讯的"伯乐计划"在内部的传播性非常好。

3. 进行全方位诱惑

腾讯会在企业的各个角落，进行全方位诱惑，比如在腾讯的一楼大堂里或者不同的大厦中间做一些宣传活动。同时，腾讯移动端伯乐系统也开始上线，在办公楼的每个楼层、在电梯间里面设置内部招聘信息的二维码，让员工可以在等电梯的碎片时间直接扫码，扫码以后就可以实现一键转发，轻松拿到伯乐奖金。又或者在员工班车的头枕上设置二维码。除此之外，腾讯也会让员工把企业的招聘信息直接一键转发到朋友圈，或者是告诉人家、朋友或者前同事，企业现在需要什么样的岗位人才，这也是一种诱惑方式，也能保证内部推荐的成功率。腾讯还会定期对伯乐进行评选，评选出"钻石伯乐"。所谓"钻石伯乐"，就是员工推荐一个人以后，被推荐人过了试用期有绩效考核，如果他的第一次考核在公司是四星或者五星以上,说明该员工很会推荐人才,腾讯会在一个周期内把该员工挑出来,评为"钻石伯乐"。

4. 利用"主动伯乐",吸引更多的伯乐

主动伯乐就是 HR 主动走近员工,吸引他们进来。一是每月的新入职员工,给他们提供良好的应聘体验,吸引他们留下来。二是特定属性的员工,比如说雅虎裁员,要关掉中国区研发中心,腾讯就会从新入职的员工中去找,看看有没有来自雅虎的人才,让他们给腾讯推荐更多的高层人才。三是历史伯乐中活跃的高层次人群,他们曾是非常成功的伯乐,推荐过很多人,或是虽然推荐的人不多,但是命中率很高,这些人是企业的伯乐圈子中的种子选手,HR 一定要主动去做好维护工作。

腾讯"伯乐计划"的成功使更多的员工愿意进行内部推荐,也为腾讯带来了很多高层人才,在某种程度上来说,为腾讯节省了大量的时间与成本。这种内推模式,也促使腾讯搭建企业内部猎头体系变得可实现。

选才人品第一

现代管理学之父彼得·德鲁克说:"正直的品格本身并不一定能成就什么,但是一个人如果缺乏正直和诚实,则足以败事。"因此,他认为人品是至关重要的。

摩托罗拉公司非常注重员工的职业素养和品行，如果一个应聘者的职业素养和品行不符合摩托罗拉公司的要求，就算他的专业背景再好，技术能力水平再高，摩托罗拉公司也不会录用他。

微软公司前副总裁李开复曾说过："我把人品排在人才所有素质的第一位，超过了智慧、创新、情商、激情等。我认为，一个人的人品如果有了问题，这个人就不值得一个公司去考虑雇用他。"

因此，人品对于任何一个企业来说，都是至关重要的。企业才会在选取人才时把人品放在第一位。

对于员工的人品，腾讯 CEO 马化腾更是极为重视。马化腾在招聘时定下一个标准——"人品好"。马化腾也经常强调："简单，人品第一，这样的毕业生进入我公司培养三年，我就能让他成为业务骨干；在找职业经理人上，我们很重视人品，就算你能力再强，人品不行也不敢让他进来，这是腾讯价值观的第一条。人才的品德比专业能力更重要，因为人品关乎企业的持续竞争力。"大多数企业是从外部引进职业经理人，但最终都以失败告终，而腾讯从外部引进人才，却取得了伟大的成功，主要是因为腾讯人力资源部在招聘上坚持人品第一的管理理念，所以这些职业经理人才的作风、想法以及理念能与腾讯的组织构架很好地融合在一起。

腾讯的选人标准给现代企业经营者选人提供了参考经验，选人首先要选取有德之人。很多企业经营者在选取人才的时候，往往会选择有才之人，而疏忽了有德之人。即使有些企业经营者嘴上挂着"企业用人必先选有德者"，结果却发现整天围在领导身边的不全是有德之人，导致这种现象的原因在于管理者在选人的时候没有把人品放在第一位。其实，人才的人品对企业发展起着非常重要的作用。宝洁公司就特别注重员工的素质，并把对人才的要求归结为诚实正直、积极创新、能力发展、领导能力、承担风险、解决问题、团结合作、专业技能八个方面。宝洁公司对员工的要求体现出其对于员工人品的重视，这证明马化腾"选才人品第一"的选人策略的重要性，腾讯在用人上也秉持这样的原则：有德有才，破格使用；有德无才，培养使用；有才无德，观察使用；无德无才，坚决不用。因此，人力资源在招聘时，对人才人品的判断成为首要工作。一个人的人品好主要体现在以下三个方面：

1. 要有高尚的"道德情操"

拥有良好的职业道德修养是每一名优秀员工必备的素质，也是每一名优秀员工应该具备的基本品质，更是企业对员工最基本的规范和要求。企业选取有良好职业道德修养的人，主要是希望员工能够担负起工作责任必备的素质。

2. 要有务实的精神

很多优秀人才在面对社会时，总是自认为怀才不遇，总是喜欢好高骛远，认为所有的事情都不在话下。这种人过于浮躁、不务实，喜欢投机取巧，热衷于做表面文章，不利于企业的发展。一个人只有从基础工作做起，一步一个脚印，才能获得最终的成功。

3. 要有良好的团队精神

一个缺乏团队精神的人，最典型的表现是自私自利，做事总是以自我为中心，不懂得与别人合作，甚至为了一己私利做出有损团队的事情，这样的人即使有较高的技术能力，也很难为团队创造出好的成绩。因此，人力资源在招聘人才的时候要选取有良好团队精神的人，这样的人乐于奉献，才能处处为团队考虑，为企业利益考虑。

招聘"有梦想的实力派"

相信大家都听过这样一个故事：

2012年，马化腾在微博上说了一句"核实了，很励志的故事"，让腾讯北京分公司的一个英文名叫 Dream 的保安在网上蹿红。

Dream 毕业于河南省一所高校，大学毕业后来到北京，成为所谓的"北漂一族"。由于学历以及工作经验，Dream 在求职的过程中不太顺利。于是，Dream 决定先从事容易上手的保安工作，以便尽快自食其力。2011年8月，Dream 成为腾讯的一名保安。很快，Dream 成了腾讯北京分公司里的"名人"。大家发现，Dream 不仅知道企业所有员工的名字，早上还会告诉每个员工是第几个到的，并做一些善意的生活提醒，比如"今天加班这么晚,回去好好休息""明天会降温,注意加衣服""这个时间点堵车,先在楼里稍作休息"等。

对于这段经历，Dream 后来回忆说："保安属于服务性质的工作，别人上班第一个看到的就是你。想要把保安工作做好，做好手头的工作很重要，这样才能让别人信任你。"功夫不负有心人，同事渐渐地将 Dream 当成了好朋友，有时发现他在看计算机方面的书，还会耐心地帮助他解答一些专业问题。

2012年2月，Dream 的机会来了。腾讯北京分公司研究院的一位负责人需要招聘一批外聘员工，她知道 Dream 一直在看计算机方面的书，就半开玩笑地问他是否愿意做一份基础性质的外包工作，要求能熟练操作电脑，并且对数据比较敏感。Dream 表示愿意帮助这位负责人做这个数据标注工作，于是便从保安公司辞职了。

　　Dream 是一个努力、有梦想的人，而且勤奋好学，在经过面试环节后，Dream 顺利成为腾讯的外聘员工，主要负责一些数据整理和数据运营的工作。负责人告诉他，先做一些基础工作，先在腾讯良好的学习氛围下积累经验，将来才有机会做一个好的产品经理。Dream 说：" 我的梦想是做一个像乔布斯那样的终极产品经理。" 对此，腾讯人力资源部门相关负责人说：" 腾讯向来本着公平、公正的用人原则，给予优秀人才最大的发展空间。而且英雄莫问出处，腾讯的人才来源非常多元化。" Dream 在腾讯工作一段时间后，曾向人力资源的同事表示：" 腾讯让我真正接触互联网，给我在团队中不断学习和成长的机会。这里不会因为我曾经是保安而排斥我，反而认可我的努力和工作，把我真正当作他们中的一员。"

　　其实，腾讯在招聘人才上，也正如腾讯人力资源部门的一位负责人所说：" 我们选拔人才的核心标准是'有梦想的实力派'。对于有潜力、有能力的优秀人才，我们乐于帮助他实现自己的梦想。" 其中，" 有梦想 " 是指对互联网行业有热情并持续关注，能够将其作为自己长期的事业来发展；" 实力派 "，并不是指名牌高校，但专业技能必须达标，并且有丰富的实践经历，对产品有个人独到的见解。

　　现在，腾讯在校园招聘时，都会明确地告诉候选者，腾讯要招的是 " 有梦想的实力派 "。腾讯 COE 企业文化与员工关系部总监陆文卓认为，一家企业的企业文化怎么样，要看这个企业宣传单、宣传册上讲什么样的故事、选什么样的人物做代言。" 有梦想的实力派 " 在腾讯是指：只要你的实力够好，在腾讯就没有不可能，所谓 " 英雄不论出处"。校招宣传的内容也开始讲腾讯集团的业务发展，各事业群在行业的龙头地位等，主张用事业吸引人才。

实际上，腾讯招聘"有梦想的实力派"员工，不仅适用于校园招聘，也适用于社会招聘。可以说，企业招聘员工，一方面是解决现有业务问题的需要，另一方面是出于培养未来希望的需要，毕竟未来难以预料，在未来的某个时机，哪位或哪些员工会为企业发展点亮新的方向。企业发展离不开人才，从产品设计到服务优化，从基层员工到高层领导，所有的创新与变革都需要人才来推动，而用好人才的前提是选好人才。大多数情况下，企业在招聘时会选择与企业价值观相同或相近的人，然后根据人岗匹配的原则，将人才资源配置在合适的岗位上，从而达到资源与平台的优化配置。此举可以称得上是"志同道合"，一起创造一番伟大的事业。

腾讯会被录用的人才充分施展才华的机会和舞台。比如，张小龙曾经开发了一款国产电子邮件客户端软件——Foxmail，2005年3月，腾讯收购了Foxmail，同时在征得张小龙同意的情况下，也将他收入麾下，并让张小龙担任腾讯广州研发部总经理，全权负责并带领QQ邮箱团队。正是在腾讯这样好的企业文化下，张小龙的才华获得充分发挥。后来，张小龙带领团队研发了微信，使腾讯的市值一路飙升，到2017年时已突破2000亿美元的大关。

总而言之，腾讯历经20多年的发展，在员工招聘方面还是有不少新颖的观点和实用的操作技巧。那么，腾讯人力资源部门是如何招聘到"有梦想的实力派"优秀员工的呢？

1. 广开源

企业想要招聘到优秀的人才，首先要有足够多的候选人可供挑选。在员工招聘上，腾讯既有社会招聘，也有校园招聘，招聘途径更是多种多样，比如网站招聘、现场宣讲、委托猎头招聘等，从而使腾讯拥有庞大的人力资源池。

2. 精挑细选

精挑细选主要分为两点：第一点是精益求精，具体分为新增招聘（要求招聘的人员标准不能低于团队的平均水平）和离职替补招聘（要求招聘的人员标准不能低于离职员工的职级水平）这两种情况；第二点是"亲力亲为"，腾讯人力资源部负责人认为，招聘是企业的大事，部门高管一定要引起重视，最好的方法是部门第一负责人能够参与到面试工作中，如果部门第一负责人实在忙不过来，可以授权给部门总监，而被授权的总监也要具备一定的能力，才能做好高标准人才的把关。因此，企业想要提升人才质量，在招聘时一定要做好把关工作。

3. 严需求

对于有招聘需求的业务部门，腾讯人力资源部门要协助做好调研工作，在确保岗位工作饱和度的情况下，发布员工招聘信息，开展有效的招聘工作。而且，无论是社会招聘还是校园招聘，腾讯对招聘到的新员工都要进行相应的培训：一方面腾讯可以向新员工介绍企业与行业的发展状况，以及企业的规章制度等；另一方面向新员工介绍腾讯的企业文化，使新员工能够快速融入团队。除此之外，腾讯还会安排新员工与老员工之间相互认识，安排老员工对新员工进行一对一指导，消除新员工刚加入企业时的陌生感，帮助新员工更快地进入工作状态。

总之，腾讯在招聘"有梦想的实力派"人才方面，是很负责任的。

腾讯高级人才管理策略

在腾讯公司，马化腾既是 CEO，又是人力资源管理执行委员会负责人。从这两个身份可以看出马化腾对内部管理的重视，其中，对高级人才的管理和培养更是腾讯人力资源管理的重中之重。

在人才管理方面，腾讯追求的是低调务实，并不断进行优化与调整。腾讯在高级人才管理策略上，一直在审慎中谋求创新，如辅导年计划、最简化测评工具、匹配高级人才需求等，为互联网企业人才管理增添了不少特色。

1. 从最高层向下辅导

马化腾曾说过："我面临的最大挑战就是人才奇缺，这让人很头痛，我们一直很欢迎优秀的人才加入，大家一起闯出一番事业。"为解决高级人才匮乏的问题，腾讯近年来开始不断引入职业经理人，确保这些高级人才与腾讯的组织框架相符，弥补腾讯的人才空缺。

从 2005 年起，腾讯就开始有意识地寻找职业经理人与马化腾等创始人"双打"。擅长产品技术的马化腾，匹配擅长企业运营的总裁刘炽平，成为腾讯最为成功的工作搭档。马化腾认为，高层职业经理人可以解决企业在管理上的专业性，但是"企业的'老人'身上有职业经理人没有的优点"，例如他本人在把握用户需求等技术层面可以做得好，这些优点放弃是很浪费的。

　　对高级人才的培养，传统的培训方式已经不再适合，刻意标新立异又不是腾讯的风格，于是一个酝酿已久的概念——"辅导年"应运而生了。所谓"辅导年"，是指要求各层级的领导，运用人力资源团队开发的标准化工具和流程，针对下属的业绩和发展提供指导服务。先从马化腾等最高层领导开始，在总办的核心团队中推行。由于"辅导年"的推行效果良好，腾讯这两年从高层、中层逐层往下普及开来。

　　除此之外，腾讯人力资源部还特意为此设计了高层论坛，在内部网上开设了辅导专区，定制辅导课。这些工具方法，让企业创始人和高层能够为下级现身说法做辅导。"腾讯有没有重视'辅导年'，就看老板重不重视，那就看马化腾有没有对其他人进行辅导。"腾讯集团人力资源部副总经理陈双华说。

　　例如，QQ邮箱才从早期的笨重复杂一路演进成今天备受赞誉的简洁清爽版本，马化腾都参与其中。腾讯副总裁、广州研发部总经理张小龙在提起马化腾时，说道："他会花很多心思在QQ邮箱上，有任何意见都会提出来。"马化腾经常很认真地发邮件讨论微信的用户体验，比如微信的"摇一摇"功能，真的很好，但是要做到极致的简化，还需要不断地创新。马化腾追求细节的完美，他会对微信的很多细节如字体、像素、对话框等提出自己的想法和建议，进而激发研发团队的改进灵感。尽管这在形式上不是一种直接明确的辅导，却将腾讯"产品至上"的文化和思维方式深深传播到了企业内部。马化腾与QQ邮箱团队紧密沟通，也使团队间因为频繁的互动而充满激情。

　　从腾讯最高领导马化腾开始，对下属的实际工作进行悉心辅导，腾讯对"辅导年"的重视程度和执行力可见一斑。腾讯推行"辅导年"

项目并没有支出太多的成本,却达到了很好的效果,不仅为腾讯储备了高级人才,同时促进腾讯企业文化的发展,有利于员工的发展和企业的发展。腾讯近些年来之所以能够发展快速,一部分原因得益于腾讯自上而下强有力地执行"辅导年"项目以及不断强调领导者为团队培养与发展人才的企业文化。

2. 测评工具最简化

腾讯在对高级人才的能力评估上,采用最简单有效的工具——雷达图。"坦率地说,腾讯不是一个追求标新立异的企业。在人力资源方面,腾讯的优势在于持续稳定地执行我们认可的考评思路。每年进行机制优化后,我们会运用一些基本的、比较简单科学的工具来使项目做得越来越好。"腾讯人力资源部总经理陈双华说。

雷达图是日本企业界对综合实力进行评估而采用的一种财务状况综合评价方法。按照这种方法所绘制的财务比率综合图形似雷达,所以叫作雷达图。雷达图由于其强大的多维度综合分析能力,在产品竞争力分析等领域得到广泛运用。在腾讯,雷达图的使用主要是作为高级人才综合能力评估的工具(如图7-1所示)。

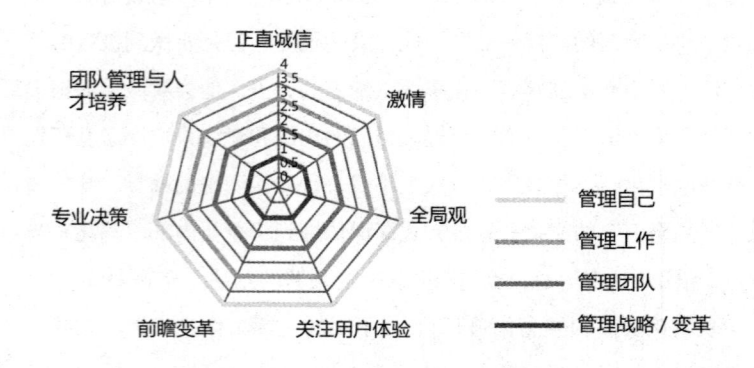

图 7-1 腾讯高级人才综合能力评估雷达图

腾讯对高级人才综合能力的全面评估通过一张雷达图就能清晰明了地体现出来。比如，腾讯对高级人才的评估有纵向七大维度，分别是：正直诚信、激情、全局观、关注用户体验、前瞻变革、专业决策、团队管理与人才培养；横向四大维度，分别是：管理自己、管理工作、管理团队、管理战略/变革。

当然，腾讯每年一度的360度能力评估都会邀请被考核人的上级、平级、下级以及跨部门的合作者，从以上维度对被考评者进行全方位评估。最终将纵向七大维度、横向四大维度的评估结果连接起来，形成考评结果雷达图。

腾讯一直以来执行"持续稳定地使用最简单有效的工具"的思路，雷达图恰好满足了腾讯的需求。雷达图多维度的综合评价方法，让腾讯能够直观地评估高级人才的综合能力，被考评者也能借助此雷达图，清晰地了解综合能力的变动情况及好坏趋势，看到自身的不足以及需要调整与努力的方向。

3. 匹配高级人才的需求

随着高级人才的不断涌入，人才的差异化需求日益明显，腾讯大多数高级人才是来自硅谷或者其他海外国家，他们刚开始对中国的文化和需求还不了解，这给腾讯带来了很多新的挑战。为了匹配高级人才的需求，腾讯运用了更灵活的合作方式。尤其是刚进入腾讯时在工作和生活上的适应，人力资源部门会做非常多的细节跟进和沟通，努力为他们安排资深管理者作为导师，提供与高层深入交流的机会，陪同他们了解企业周边的环境、学校和医疗条件等。腾讯把高级人才作为用户，不断匹配他们各方面的需求，优化他们的体验。如此一来，腾讯留住了越来越多的高级人才。

第 8 章
CHAPTER 8
人员的日常管理

为了加强内部员工的规范化管理，腾讯不断完善各项工作的制定与实施，促进腾讯的发展壮大，提高腾讯的经济效益，维护腾讯的良好形象，人力资源在人员的日常管理上，采取工作室的创业模式、"人才活水"策略、管理干部不做"富二代"以及开放透明的沟通环境等，同时让员工坚守《员工阳光行为准则》，让他们自觉遵守腾讯的规范和要求，为腾讯创造良好的企业文化氛围。

工作室创业模式

对于腾讯工作室创业模式的出现，要归功于腾讯的 COO 任宇昕，他非常反对墨守成规，喜欢最大限度地管理授权。因为对于腾讯来说，只有真正面向用户，拉近与用户的距离，才能了解用户的真正需求，才能做出最正确的判断。于是，在任宇昕的极力支持下，腾讯在互娱内部试行独立的工作室创业模式。

工作室团队管理者对成果全权负责的同时，被给予了人力、财务等最大幅度的授权，每个工作室都会设立利润率为考核目标。只要以实现目标为前提，各种数值的健康程度以及重要决策等工作都由工作室独立完成，无须申请、审批，只需报备即可。当然，高层也不是完全做甩手掌柜，对于一些考核中等的工作室，部分决策需要经过审批才能被执行；而表现差劲的工作室则需要重新制定相应的整改计划。由于各级员工可以在自己的职权范围内，以不伤害企业利益为前提下自由决策，所以，整个工作室的工作效率非常高。

工作室之所以能够被推行，最大的亮点在于工作室中员工个人的工作目标也不需要层层下达，而是自己制定，再定期由工作室领导上报，让上一级领导确认即可。因为只有员工真正了解自己的现状和下一步发展的目标，才能充分考量自己的能力和手中的资源，定制出符合自己的目标。当然，对于员工自己制定的目标，也要有上升的空间，也要符合整个企业总体的进度规划，不过最终主导进度的权利，绝大多数还是掌握在工作室手中，这才是真正让工作室拥有最大限度的管理权。

其实，腾讯工作室创业模式的出现，是一种组织架构的创新，目的是保证员工的战斗力和工作热情。从游戏事业群（互动娱乐事业群）开始，腾讯就开始采取游戏工作室的模式。事实证明，这种模式对激发员工的创业热情是非常有效的。这种管理模式最大的特点是企业、工作室以及员工三者能够形成一个闭环，保证整体的运行，员工能够被授权、被激发，同时企业为员工营造一个良好的创业环境，员工与其到外面创业，不如在工作室里创业，而且企业还给予支持。只要工作室能够出成绩，腾讯就会不断加大力度进行扶持，而且允许试错，让员工有更大的动力去着手做项目。腾讯人力资源副总经理兼企业发展事业群人力资源总监陈菲说："如果产品属于前沿，大家都在探索阶段，企业可以安排试错，也可安排两个团队一同试错。不是任何产品都需要试错，要看产品性质以及能够带来的效果。对于一些市场竞争特别激烈，不赢就会出现严重后果的产品，腾讯不会安排试错。其他一些产品比如安全和金融产品，也不会安排试错，因为关系重大。"

腾讯通过充分授权的方式，让工作室实现了最小闭环的管理工作，员工可以根据自身现状数据与目标利润率，通过衡量资源以及自己确定的核心指标（同时在线数量、新进、留存等）来决定自己当下要采取的策略。由于腾讯非常重视数据，所以员工可以看到产品实时的数据，了解到自己与目标的差距，也能够看到通过努力产生的实际效果。这样能够让员工更清楚地知道自己现阶段应该为实现目标做些什么，进而能够快速做出决策，快速进行调整。因此，这种最小闭环的管理是实现互联网极速运转、高效研发的重要组成部分，也是腾讯工作室创业模式得以成功的途径。

"工作室创业模式"的工作方式，一开始只是在腾讯内部进行小范围尝试，后来在腾讯逐步推广开来。每个工作室都有用人权、财务权、考核权、激励权以及是否追求资源权，权限跟工作室成果和盈利状态正相关。工作室就像一个个小企业，这种模式让员工每天都处于一种创业激情的工作状态，能够有效解决员工工作热情不足的问题。"工作室创业模式"真正激发了企业创新的内在活力。目前，在全球行业排名中，腾讯游戏已经从第八位跃居第一位。工作室创业模式的成功，在腾讯成为典范。后来，这一模式被推广到无线事业群和社交网络事业群，效果也很明显。现在，腾讯的一些浏览器产品、安全产品都跃升至行业榜首位置，给腾讯带来了极高的荣誉感。

采用"人才活水"策略

2010年，腾讯员工总人数突破10000人，随着企业规模的不断扩大，员工申请内部应聘的需求越来越多，同时企业在很多其他领域的业务高速发展，急需优质人才进行补充。但在当时，员工申请内部应聘是一件极需勇气且顾虑重重的事，主要是担心：我的上司要是不同意该怎么办？他会怎么看待我申请转岗？他会不会直接让我离职？……而当员工准备跟当前上司沟通转岗时，不少人确实做好了"沟通不成我就走人"的心理准备，事实上有些管理干部对员工的回复也确实是"要么留在我们团队，要么离职"。

其实，面对这种情况的出现，在2011年腾讯推出了内部人才市场规则，规定"所有在当前岗位工作满一年且最近一次绩效不是'低于预期'的员工都可以申请内部应聘，且当前上司不能阻止调出"。这个规则的出台，是腾讯从管控思维向"以用户价值为依归"的产品思维的巨大转变。

在2012年，腾讯上线了一个内部应聘的IT平台，主要是为了帮助员工查看内部招聘信息并完成应聘，但当时内部人才市场并不太活跃，且时不时传出因管理干部不允许员工内部转岗而引发各种员工矛盾的事件。此时，腾讯人力资源管理部才认识到："发布规则离建立通畅的内部人才流动市场机制"还有一定的距离，规则写在文档上，但并没有形成一种深入人心的文化，管控思维还没有真正转变为基于用户需求的产品思维。在2012年底，腾讯正式启动了"人才活水"策略，希望建立通畅的内部人才流动市场机制，帮助员工在公司内自由寻找发展机会。同时，"人才活水"的策略针对一些处于职业倦怠期的老员工，也提出了一种创造内部优良的生态系统的方式。

"人才活水"策略的实施帮助腾讯建立了畅通活跃的企业内部人才流动的市场机制，形成了一种企业文化，这样既帮助员工在企业内部寻求自己更感兴趣也更适合的发展机会，也加大了企业产品赛马机制的竞争气氛，快速支持企业重点产品和业务的人才需求，实现员工发展和企业战略的共赢。

自腾讯的"人才活水"策略实施以后，员工只要在考核中没有取得太差的成绩，换岗都会比较顺利。如果在考核中成绩为优秀，换岗完全不成问题，甚至会被各部门抢着要。如果想要换岗，腾讯员工可以在 OA 上查找内部岗位，进行保密面试。当面试通过后，只要正常完成交接，其所在的部门在三个月内必须无条件放人。现在腾讯各部门在招人的时候，都会优先从内部人才市场看是否有合适的优秀人才，甚至有些部门会直接去类似部门挖人。通过腾讯内部绩效考核数据统计结果显示，转岗后的员工平均绩效成绩有显著提升，员工在新岗位上表现得更加出色。所以，在腾讯，员工只要有能力，只要足够优秀，想要转部门或换岗位根本不成问题，内部有无数的机会可供选择，让员工发挥自己无限的才能。

"人才活水"策略实施初期，腾讯只是粗略地出台了"所有在当前岗位工作满一年且最近一次绩效不是'低于预期'的员工都可以申请内部应聘，且当前上司不能阻止调出"的规定，但是配套机制和宣传都没有到位，很多员工的顾虑比较多，都不太敢转岗或者换部门。为此，腾讯前 CTO 张志东做出解释："企业好的发展机会应当优先给到内部员工来争取，鼓励公开、透明的双向选择。"腾讯成立专门的变革小组，在完善"人才活水"策略细节的同时，创作出《小T转岗记》的漫画来加强宣传与引导。《小T转岗记》主要是通过漫画的形式，对人员转岗的信息获取和操作流程做出说明，也对转岗前后如何与当前上级友好地沟通、如何快速融入新部门或新团队做出了解答。漫画推出第一期就广受好评，很多员工留言互动。"人才活水"项目组根据员工的留言进行了一些有趣的互动运营，在第二期、第三期中进行有针对性地设计与解答员工留言中的问题，进一步获得员工的喜爱和好评。这个连载漫画对于"人才活水"策略的推行起到了非常正面的作用。

其实，对于"内部应聘成功如何与当前上级沟通"这一个典型场景，"人才活水"项目组还特意准备了一篇攻略，该篇攻略在内部论坛推出后，短短一小时时间便达到了 2000 多次的浏览量。经过两个多月高密度的信息传播，员工对内部人才市场、"人才活水"等概念有了较深的认知，明白"个人基于职业发展提出的应聘、转岗"是企业大力支持的方向，企业高层、中层的发声也让管理干部认识到对员工内部转岗要保持开放的心态，管控思维开始向产品思维转变。"人才活水"文化初步得到渗透，但想要被所有的员工所接受还需要靠后面的工具打磨和深度运营来不断强化。

腾讯"人才活水"策略真正盘活了整个企业的人才，让员工真正发挥出了自己的才能。到 2013 年，腾讯已经有超过 5400 多名员工在企业内部成功转岗，获得了新的发展机会。比如，在近几年微信新引进的人才中，大约有 60% 的员工是通过内部人才市场获得的。此举极大地支撑了微信事业群的快速发展，有效支持了重点业务的快速成长，同时也为企业培养更多有开阔视野和复合经验的人才提供了有利条件。腾讯为了强化"人才活水"策略，甚至将人力资源的招聘部门更名为"招聘活水部"。

2015 年 7 月，有员工在内部论坛上开玩笑称在办公室打开内部应聘网站不方便，也有点担心自己的应聘信息会被上级领导看到。针对员工的这个问题，"人才活水"项目组立即对活水 IT 平台进行了升级，推出移动端应聘入口，并推出一个《活水平台，私密哒》的视频，告诉所有员工：可以躺在沙发上一键申请内部职位，而且系统设计充分保护申请者的信息安全，非常私密。

2017 年 4 月，有员工在内部论坛上称自己在内部应聘时，招聘部门的面试官把自己的应聘信息"泄密"给了自己的上级领导，让自己处于非常尴尬的处境。对于这个情况，"人才活水"项目组立即启动针对全体面试官、管理者进行保密教育，同时也对泄漏内部应聘者信息的行为制定处罚机制。项目组还把处罚机制植入 IT 平台，每一位登录的面试官和管理者必须点击"确认"才能操作。

"人才活水"策略的顺利推行对腾讯来说是来之不易的，每一个决策都可能对该策略造成较大的影响，该项目组对每一个员工的声音和反馈都不会忽视，敏捷地推出措施、不断优化，像呵护自己的孩子一样呵护"活水"的文化和品牌。腾讯"人才活水"策略自 2012 年底实施以来，经过多年的深度运营，在多个方面给腾讯带来了积极的影响和效果。主要体现在以下这些方面：

1. 促进员工的良性流动和产品的不断优化，支持企业重点业务的快速发展

腾讯高级执行副总裁、微信事业群总裁张小龙对"人才活水"策略给予了肯定，他表示："'人才活水'策略贯彻得很彻底，促成了员工的主动流动，解决了微信大部分的人才招聘，也避免了人才外流，值得鼓励和坚持！"由于内部人才的自由流动，一部分方向不明确或不被用户认可的产品自然留不住人才，可以加速产品的快速失败，客观上促进了业务的自然淘汰和新陈代谢。同时，"内部活水"也有利于促进人力总量的控制，减少企业的人力成本消耗。高速成长的团队从内部引入人才，减少从外部引入，一些成熟团队的员工调出后，并不一定会全额补齐人员。做一个保守的估算，如果活水转岗员工中有 30% 不再补充，这个计划累计可以为企业减少了 1600 多人的增长。按照腾讯近几年财报中公开数据计算的人均人力成本来看，此举不仅为腾讯节约了大量的成本，而且还有效提升了人力资源的效力。

2. 加速了新产品的迭代与上线速度

腾讯云是这几年高速成长的一款产品。2016年，通过"人才活水"策略，让加入腾讯云的员工超过了50人，大力支持了腾讯云的快速迭代。腾讯云副总裁王慧星表示："腾讯人才团队虽然有很厚实的积累，但是不同业务有不同的生命阶段，有些业务经过高速发展之后就会进入平台期。而此时部分经验丰富的人才通过"活水计划"加盟到新的成长性业务中去，不仅专业技术对口，文化也高度匹配，从而产生了很好的拉动作用，加速了新业务的孵化和发展。"

3. 转岗员工的长期绩效得到提升，激发了员工的工作活力与工作热情

通过"人才活水"策略进行转岗的员工，项目组会对员工转岗前后四次绩效进行跟踪分析，发现员工转岗后的第二、第三次绩效平均值高于转岗前的倒数第二、第三次绩效，且在统计学上具备显著差异，证明"人才活水"策略确实给员工带来了一定的好处，也让企业的总体效益提到了一定的提升。

4. 促使员工满意度不断提升

腾讯每年都会对全体员工进行敬业度、满意度的调研，问卷中有一道题目是："当我需要在公司内部寻找到更适合自己的发展机会时，我能够顺利达成。"这道题目的得分这两年有了连续且显著的提升，表示员工对内部职业发展的满意度在不断提升，也证明了腾讯"人才活水"策略的成功。

人才有活水，企业有活力。"人才活水"策略成为腾讯长期坚持、不断深入的计划,让人才的良性流动快速支持腾讯高速成长的产品,让员工持续保持工作的激情与活力,促进腾讯不断创造出让用户惊喜的产品。其实,不仅仅是腾讯,国内许多其他知名企业也实施了内部人才流动机制。比如,万科在2018年9月实施了第六期集团内部招聘计划,为集团员工提供了包括战略研究岗、营销管理岗等在内的多个总部职位。华为也早在2013年就推出了《华为公司内部人才市场管理规定(暂行)》,内部转岗以任职资格为上岗条件,在岗位需求和员工意愿均匹配的情况下,员工可以顺利转岗。所以,内部人才流动机制不仅有利于员工的良性流动和优胜劣汰,提高员工的工作积极性和满意度,也有利于推进和实现企业重点业务。但是,在实际推行内部人才流动机制时,企业也需要注意细化操作准则,并加强引导和宣传,才能让员工无后顾之忧。

干部不能做"富二代"

随着互联网时代的到来,企业之间的竞争日益激烈,每个企业经营者都想在激烈的竞争中取胜。在这个过程中,人的作用是非常大的,尤其是管理干部的作用更为明显,因为他们是企业的中坚力量,对企业的发展起着主导的作用。只有管理干部有激情、好学、开放,整个企业才能充满激情地向前走。

在马化腾看来,在一个团队中,管理干部的作用是非常重要的。要想让管理干部发挥重要作用,就需要管理干部把企业的事情当成自己的事情去完成，要有很紧迫的使命感。很多管理干部因为加入企业的时间长了，就会缺乏工作激情而失去了工作积极性和热情度。对此，马化腾认为，这样的管理干部要主动把位置让给下一代管理干部。马化腾曾说过："我希望打破过去'富二代'的概念，希望大家成为'闯二代''创二代'，资源会给你，让大家的起跑线好，但最终赢不赢一定取决于你能不能做出精品……"马化腾的这番话主要是希望能够打破过去管理干部"富二代"的概念，让管理干部发挥工作积极性，激发管理干部的工作潜能，为腾讯创造更多的价值。

马化腾之所以把"管理干部"当成腾讯管理的重中之重，在于想要通过加强企业中层的整体水平，体现企业"以激情、好学、开放的态度和行动，培养人才，创造用户价值"的经营理念。腾讯拥有5万多名员工，要带领这5万多名员工激情饱满地前进，就需要管理干部发挥模范带头作用，消除负能量，增加正能量，以勇于拼搏的精神，带领下属努力奋斗。如果管理干部能够做到了这一点，那么对盘活企业人才将产生重要影响。因为管理干部是企业和员工之间的重要枢纽，管理干部要积极开展双向沟通，发现和培养人才，为企业提供人才储备。

从马化腾的观点中可以看出，管理干部对于企业发展的重要作用。管理干部要有激情，不做"富二代"，要发挥正能量。具体来说，管理干部要做到以下五个方面：

1. 以身作则

管理干部要以自身表现去影响身边的员工，每时每刻对员工产生重要影响，如果管理干部的各方面表现十分突出，那么员工也会受影响，从而表现得越来越好。从某种程度上来说，管理干部的整体素质反映出员工的整体素质。因此，作为管理干部更要提升自己的整体素质，努力为员工做好示范带头作用。在腾讯，管理干部层级一般都会严于律己，对于自己的项目更是以最好的工作状态去完成，希望通过自己的行为去影响身边的员工。

2. 一马当先

管理干部要为所有项目的成败负责，要承担起消除借口、缔造积极团队文化的责任。无论什么时候，管理干部都不可抱有推脱的念头，必须集中精力寻找解决方案，并且要做到一马当先。管理干部要认识到一马当先的重要性，在实际工作中勇于担当，为员工做好表率作用。当然，作为一家公司的高层管理干部，不需要也不可能事必躬亲，但一定要勇于负责。著名企业家李嘉诚在汕头大学的一次演讲中谈道："想当好的领导者……了解自己要成为什么模样是建立尊严的基础。"管理干部在某些地方做出榜样，使员工有效仿的对象，并形成一种威慑力，使每个员工都不敢马虎，无法搪塞、推脱责任。只有这样，企业的执行力才会越来越好，企业的发展才会越来越稳定。例如腾讯的副总裁、"微信之父"——张小龙，对于微信的研发，在别人都不看好的情况下，却依旧选择坚持。最后，微信的成功，也确实为张小龙带来了一定的领导成就，同时也为腾讯的发展提供了有力支持。

3. 敢于承担责任

勇于承担责任的管理干部才是优秀的管理干部。犯错和失职并不可怕，可怕的是否认和掩饰错误。一个勇于承担责任的管理干部，会让员工觉得领导是一个心胸坦荡、有责任心的人。管理干部也会因为这种责任感而树立起威信，从而赢得员工的支持和尊重。能够主动承担错误责任的管理干部会让企业领导更加器重，更愿意把好的项目放心给他去做。腾讯在最初的招聘中，总是把人品放在第一位，就是希望员工是一个有担当的人，能够承担起责任。因此，在腾讯，想要个人能够得到好的发展以及能够得到上级的重视，就要勇于承担责任。

4. 善用人才，不断培养、培训优秀员工

企业的发展关键在于人才是否优秀。人才不是天生的，而是培养出来的。管理干部要发现积极向上、态度认真且具有一定能力的优秀员工，然后通过对员工的不断培养，让其成长为企业需要的人才。管理干部作为企业的中坚力量，就需要担负起为企业培养人才的重担，让更多优秀人才在企业经营的过程中涌现出来，为企业的发展增加新力量。在人才培养上，腾讯做得非常好，甚至还为了人才培养开设了腾讯学院和腾讯大学，为腾讯人才储备做好准备。

5. 学会与员工进行互补合作

企业能够稳定发展的重要决定因素是企业中的每个员工都要有合作之心。许多管理干部总是抱怨自己手下有才能的员工太少，恨不得自己的每个员工都变成无所不知的全才。显然，这种想法是不切实际的。其实，每个人都有自己的长处，只要管理干部能够了解员工的长处并将其放在适合的位置上，就能发挥员工真正的才能。近年来，腾讯不断引进高级人才，这些高级人才与腾讯的人才匮乏形成互补，满足腾讯的人才需求。管理干部要学会与这些人才互补合作，充分发挥每个人的优势，与他们共同完成项目。

让员工处于开放透明的沟通环境中

截至 2018 年 12 月，腾讯雇员数量有 54309 人，面面俱到的员工沟通变得越来越不现实。毕竟员工与员工之间、员工与管理者之间的信息是不对称的，拥有的视野和资源不同，对于事物的轻重缓急认知也不同。想要让每一名员工都了解企业的战略方向，就要及时对每一名员工的热议话题做出回应，这成为腾讯需要解决的难题。

腾讯 COE 企业文化与员工关系部就这个问题进行过多次沟通和尝试，发现被动的沟通传播效果并不理想，而员工的主动参与反而能够带来意想不到的收获。员工主动通过参与热点问题互动，就企业的战略方向进行讨论，在关键问题上快速地与企业保持信息同步与决策同步，让员工与企业处于同样的步调中，才能让员工明白企业的发展方向。

COE 企业文化与员工关系部认为，腾讯管理问题的关键在于：让员工处于开放透明的沟通环境。当员工在企业中感觉沟通氛围不错、信息开放透明、能够很快地了解彼此时，员工就会愿意与其他人沟通。

一般来说，腾讯内部平台经常会有讨论激烈的帖子爆出来。例如，有一名员工在腾讯内部平台上吐槽腾讯的财付通，说这个产品的体验实在是太差了。后来，很多员工也在留言区指出财付通存在的问题。马化腾很快对这个帖子进行了回复,说:"财付通是很烂。"当时所有员工跑到马化腾那里回复留言:"老大原来真的在这个论坛上活着,在上面签名留念。"这就是腾讯更可贵之处,一旦企业的产品发生问题,员工敢于说出来,而且企业的领导也会站出来说明情况。这样的做法,能够让产品相关责任人引起重视,并以最快的速度查询相应问题,解决漏洞。

沟通作为企业管理中最重要的一个环节,也是企业管理中相对更容易做出改变的行为,开放透明的沟通文化是所有高绩效企业文化的构成部分之一。企业管理者要明白沟通文化对管理的重要性,也要知道培育一个开放透明的沟通文化,正是为了让团队发现和解决工作中的难题。那么,为员工营造开放透明的沟通环境,需要注意哪些问题?

1. 经营目标和计划的制定

一个企业想要有稳定长远的发展,制定经营目标和计划是关键问题。因为通过前瞻性的客户和市场评估制定经营目标,就会在达成这些目标过程中,发现哪些问题的解决是至关重要的。当然,这缺少不了开放透明的沟通环境。只有让员工处于这样的环境之下,员工们才敢于开口,目标的制定才会更符合企业的发展。在腾讯,公司只要一有新的项目或者计划,腾讯都会开管理层会议进行讨论,听取员工的意见,再决定是否开展该项目或者实施该计划。

2. 员工的绩效评估

公开透明的绩效评估是最好的避免办公室政治的方式,无论绩效考核是否联系奖惩,执行结果和差距分析都会被公之于众,让员工清楚彼此之间的差距,更有利于员工之间、管理者之间的竞争,以及企业的管理与发展。在腾讯，员工的绩效评估都是公开透明的，而且有相关的规定与要求，能够让所有员工清楚地知道自己或者团队的绩效水平。

3. 组织调整（招聘、任用等）

企业在招聘、任用员工的时候，最好能够让员工处于开放透明的沟通环境中，这样既能够让其他的员工了解并知道新员工，也能让员工知道企业拥有更多的"新动力""新方向"。同时也会让新员工觉得自己受到企业重视，对企业有归属感，更加信任企业。腾讯从创立至今已经进行过多次组织架构的调整，目的是让员工在开放透明的沟通环境中更好地展示自己的才能。

坚守《员工阳光行为准则》

随着腾讯的不断发展，到 2013 年，腾讯的员工已经增长到两万多人，加上部门的整合、企业的并购以及部分高管的离职，这无疑给腾讯内部管理造成了巨大的压力，促使腾讯不得不进行改变，加强对员工的管理。

2013 年，腾讯发布了《腾讯阳光行为准则》，要求员工要驱除阴暗，坚守正直底线。这是马化腾对员工的要求。在员工管理方面，他一直坚持员工的人品一定要过关。因为对于任何一个企业来说，都需要有社会责任感和道德规范的，这是一个企业的立足之本。企业由千千万万个员工构成，员工的人品会直接影响企业的形象。因此，腾讯内部要求员工要摒弃负能量，增加正能量。阳光行动就是要自上而下共同营造腾讯的正能量和正气，让腾讯拥有更多阳光，才更利于培育更多优秀人才。

腾讯内部有一个最活跃的员工交流平台——乐问，在这里，管理者与员工可以自由地互动问答。2014年，该论坛上的一个帖子引发了全体员工的关注。一位QGG面对社会上存在的"不正直得利"现象产生了困惑。他问："正直对于企业而言，有什么价值呢？"当马化腾看到这个提问后，很快便做出了回复："企业坚持什么，主要是因为信仰什么是好的、对的。这不是说只有正直才能'成功'，但是，如果正直也能成功，为什么不呢？况且，也不能剥夺坚持正直纯粹也能成功的机会，尽管可能会更难一些。"所以，"正直"被写入腾讯价值观的第一条，而它也成了评判合格腾讯人的首要标准。

长期以来，腾讯一直倡导"正直、进取、合作、创新"的价值观，秉承"一切以用户价值为依归、发展安全健康活跃平台"的经营理念。腾讯内部已经形成了"正直"的工作环境，绝大部分员工保持积极阳光的工作心态，并用自身的行动坚守腾讯文化，传递"正能量"。但仍有少数人因一念之差触犯"腾讯高压线"，甚至触犯相关法律要求，损害了企业的整体形象和利益，伤害了客户及合作伙伴对腾讯的信任与支持。为贯彻落实腾讯的企业文化，确保"知言行"的高度统一，腾讯内部已对全体员工进一步强化普及由HR、内审共同制定了《员工阳光行为准则》，明确了"腾讯高压线"。"腾讯高压线"作为腾讯文化的重要组成部分，是腾讯文化和价值观所不能容忍的行为界线，员工个人行为一旦触及此界线，一律开除。腾讯主要创始人陈一丹说："在腾讯，'高压线'是最基本的底线，触犯'高压线'

是损害整体腾讯人利益的行为，企业处理的态度是坚决的。我们看到触犯'高压线'的行为中有一部分是故意泄露企业机密，这些行为不仅会对企业造成极大的伤害，对当事者本人的前途、职业生涯也有重大损害。这类行为是企业不允许的，这种不允许是一种保护，保护腾讯，保护腾讯所有正直的人的工作成果。"因此，作为腾讯人要坚守正直的底线，远离"腾讯高压线"。

第 9 章
CHAPTER 9

腾讯绩效管理

腾讯作为一家大型的互联网公司，拥有好几万的员工，在对员工的管理上，离不开绩效管理。绩效管理的主要目的是对员工的工作行为及取得的工作业绩进行评估，并运用评估的结果对员工将来的工作行为和工作业绩产生正面的鼓励与引导。绩效管理是企业赢得竞争优势的中心环节。腾讯是如何对员工进行绩效管理的呢？下面给大家详细介绍一下腾讯的绩效管理。

绩效考核的五个等级

在腾讯，绩效考核分为（A、B、C、D、E）五个等级，具体评定标准如表 9-1 所示：

表 9-1　腾讯绩效考核标准

等级	定义	摘要	与基值/目标值的关系	参照分数	绩效考核因数
A	优秀	实际绩效明显超过预期计划/目标或岗位职责/分工要求（需提供事实证明）	明显超过经营目标值，达到内部管理目标值	≥ 90	120%
B	良好	实际绩效达到预期计划/目标或岗位职责/分工要求	达成经营、内部管理目标值	< 90 且 ≥ 80	100%
C	合格	实际绩效基本达到预期计划/目标或岗位职责/分工要求，在计划/目标或岗位职责/分工要求所涉及的大部分方面符合要求	基本达成经营、内部管理目标值	< 80 且 ≥ 70	80%
D	基本合格	实际绩效部分未达到预期计划/目标或岗位职责/分工要求，在一些方面存在不足或失误，但能与前期平均水平基本持平	实际完成值与目标值有一定差距	< 70 且 ≥ 60	50%
E	不合格	实际绩效有多项或主要部分未达到预期计划/目标或岗位职责/分工要求，在很多方面或主要方面存在严重不足或失误	达不到基值，即达不到基于企业目标和该职位职责的基本要求	< 60	0

绩效考评的五个原则

不同的员工在能力、素质、效率等方面都是有所不同的。企业要把握好员工的这种差异性，合理地做好绩效考评工作，公平对待每一名员工。

腾讯对员工的绩效考评一般会遵从以下五个原则：

1. "三公"原则

"三公"原则，即"公正、公开、公平"，绩效管理各环节目标公正、过程公开、评价公平，这样能够最大限度地减少考核者和被考核者双方对考评工作的质疑感，有利于提高绩效的标准和水平。

2. 团队倾向性原则

团队的管理者与员工是不可分割的利益共同体，团队中所有员工对部门的 KPI 和涉及的业务流程负有一定责任。管理者要通过绩效辅导帮助团队中的员工提高绩效，帮助流程相关人员提高绩效，同时听取他人的意见和进行自我评价。

3. 客观性原则

客观性原则即进行客观考核，用事实说话，切忌主观判断，对于缺乏事实依据的，最好不要妄加评论。管理者在评价员工时以绩效为主，以日常管理中的观察、记录为基础，各部门要逐步规范对员工日常工作计划、工作实际完成量与工作总结的管理，以此作为考核的主要依据。

4. 绩效考核责任结果导向原则

用具体数据说明，突出员工的实际业绩，以在正确的期间达成正确绩效结果为依据，同时兼顾员工的个人能力、关键行为以及个人态度对工作和团队的价值贡献，管理者不可将与工作无关的因素带入绩效考评的工作中。

5. 动态与发展原则

在绩效考评上，不能只注重档案中的死材料或者只进行静态的考核，绩效管理要保持动态性和灵活性，坚持绩效标准、实施标准随着企业的发展和管理对象的成长以及企业战略的变化而变化，使绩效考评结果符合企业的发展与个人的实际业绩。

考核内容：职位关键绩效指标

在腾讯，考核的主要内容是职位关键绩效指标。该考核内容源于企业发展战略和经营目标计划，通过 KPI 体系的建立使发展战略和发展目标转化为各部门以及企业员工的具体行动，是衡量员工绩效表现的量化指标，也是绩效管理的重要组成部分。

KPI 主要来自对企业战略目标的分解。KPI 是对企业战略目标的进一步细化和发展。企业战略目标是长期的、概括性的、指导性的，而各职位的关键绩效指标内容丰富，针对职位而设置，着眼于考核的工作绩效，具有可衡量性。因此，关键绩效指标是对真正驱动企业战略目标实现的具体因素的发掘，是企业战略对每个职位工作绩效要求的具体体现。职位关键绩效指标随企业战略目标的发展演变而调整。当企业战略目标侧重点转移时，职位关键绩效指标也会根据企业战略目标新的内容进行整改。

确定职位关键绩效指标需要遵守 SMART 原则。SMART 是五个英文单词首字母的缩写：

S 代表具体（Specific），指关键绩效指标一定要是特定的工作指标，不能笼统表达。

M 代表可衡量（Measurable），指关键绩效指标是数量化或者行为化的，验证这些绩效指标的数据或者信息是可以获得的。

A 代表可实现（Attainable），指关键绩效指标在付出努力的情况下可以实现，避免设立过高或过低的目标。目标的设定要结合个人情况、岗位情况以及企业要求等来设定。

R 代表现实性（Realistic），指关键绩效指标是实实在在的，可以证明和观察。

T 代表时限性（Time-bound），指关键绩效指标要有明确的截止期限，要在规定的时间内完成。

依据企业级的 KPI 逐步分解到部门，进而分解到部门，再由部门分解到各个职位，依次采用层层分解，互为支持的方法，确定各部门、各职位的关键绩效指标，并用定量或定性的指标确定下来。关键绩效指标的设立因为职位层级而异，基层职位关键绩效指标要根据部门职位特点来设定。腾讯的职位关键绩效指标的设定，具体有以下几点要求：

第一点，设立关键绩效目标要考虑流程协作的要求，不能仅限于职责范围内。这里需要考虑两点：一是不属于关键绩效考核指标的一般性工作，二是领导安排的临时任务。

第二点，对于部门负责人关键以部门工作成果、关键绩效指标的达成率来设置。

第三点，对于例行性工作人员如出纳、文员等，以及时性、准确性、规范性、工作量等来设置。

第四点，对于一般基层员工可以考核工作计划完成度来设置。

绩效考核的评定标准

绩效考核的评定标准是考评者通过测量或通过与被考评者约定所得到的衡量各项考评指标得分的基准。依据企业的战略目标，企业可以制定个人或团队的工作行为和工作成果标准，标准虽然可以有多项，但每一项也有很明细的要求，但衡量绩效总的原则只有两条：一是是否使工作成果最大化，二是是否有利于提高工作效率。

腾讯为了避免各部门之间考核过松或过严而造成部门之间的不平衡，以及为了避免考核和稀泥、等同化的误差，将考核等级设立的参考比例与对部门绩效的考评和部门管理者的考评结果挂钩，各部门员工的考评等级按表9-2比例执行。

表 9-2　腾讯员工考评等级参考比例

员工绩效 部门绩效	优	良	合格	基本合格	不合格
部门考核为优	20%~25%	65%~70%	5%~10%	0~5%	0~5%
部门考核为良	10%~15%	60%~65%	5%~15%	0~5%	0~5%
部门考核为合格	5%~10%	40%~50%	25%~30%	10%~15%	5%~10%
部门考核为不合格	0~5%	30%~40%	30%~40%	15%~20%	15%~20%

一般来说，绩效考核的评定标准就是对员工绩效进行考核的标准和尺度。员工绩效考核的评定标准既要达到评价的各项目的，又要为被考核员工普遍接受。所以，腾讯在制定评价标准时，通常会尽量满足以下要求：

1. 公平性

公平是确立和推行员工绩效考核制度的前提。不公平，就无法发挥有效的绩效考核作用。

2. 严格性

绩效考核的评定标准不严格，就会流于形式，形同虚设。这样不仅不能全面地反映员工的真实工作情况，而且还会产生消极的后果，不利于员工的个人成长与企业的发展。绩效考核评定标准的严格性包括：要有明确的考核标准；要有严格的考核制度与科学而严格的程序及方法；要有严肃认真的考核态度等。

3. 具体性

绩效考核的评定标准不能含混不清、抽象,而要明确、一目了然,便于人力资源使用,尽量可以直接操作,即可进行测量;同时,要尽可能予以量化。

4. 可靠性

对各层级员工的考评,必须由被考评者的"直接上级"进行。直接上级是最了解被考评者的实际工作表现(成绩、能力、效率、适应性等)的人,也最有可能反映真实情况的。间接上级(即上级的上级)对直接上级做出的考评评语,不能擅自修改。这并不排除间接上级对考评结果的调整修正作用。

5. 客观性

在对员工的绩效进行考核时,要根据明确规定的考核标准,针对客观考核资料进行评定,尽量避免渗入主观性和感情色彩。

6. 民主性

在制定绩效考核的评定标准过程中,要依靠员工,认真听取员工的意见与想法。

7. 差异性

考核的等级之间要有鲜明的差别界限,针对不同的评定标准在工资、晋升、使用等方面要凸显差异性,使绩效评定带有刺激性,鼓励员工的上进心,激发员工的工作积极性。

8. 透明性

绩效考核的结果要对被考核者公开,这是保证考核结果透明性的重要手段。这样既可以使被考核者了解自身的优点和缺点、长处和短处,从而使考核成绩好的员工再接再厉,继续保持前进的步伐,也可以使考核成绩不好的员工心悦诚服,奋起上进,努力获得好的绩效成果。同时,此举还有利于防止绩效考核出现的偏见或者其他误差,以保证绩效考核的公平、公正、合理。

9. 明确性

对绩效考绩的结果要根据工作成绩的大小、好坏,有赏有罚,有升有降,这样不仅能够通过工资、奖金等方式激励员工,还能达到绩效考核的真正目的与效果。

员工对考核结果不认同时可以提出申诉

在腾讯,绩效考核结束后,员工有权了解自己的考核结果,企业相关部门有向员工通知和说明考核结果的义务,如果员工对考核结果不认同或者认为评估有失公正、违反企业相关规定的,员工可以在考核结果反馈后 10 个工作日内提出申诉,提出申诉程序如下:

首先,员工与直接上级沟通,提出申诉意见;其次,如不认同直接上级的处理反馈,可以向间接上级或部门第一负责人提出申诉意见;最后,如果仍不认同间接上级或部门第一负责人的处理反馈,可以书面向人力资源部提出申诉意见，人力资源部会同申诉人所在部门进行调查和协调，在 10 日之内，对申诉提出处理建议，并将事实认定结果和申诉处理意见反馈给申诉双方当事人和所在部门负责人或分管高管，并监督落实。如果当事人对结果仍持异议，可以向考核委员会提请仲裁，考核委员会仲裁结果为最终结果。

其实，绩效结果申诉流程是整个绩效管理制度中不可或缺的重要环节。任何时候都不能说自己的制度是最完善的，因为任何一种制度都需要不断吸取意见、不断改进完善。对于企业来说，绩效申诉制度的建立，可以参考下面的具体流程：

1. 提出申诉

员工如果对考核结果不清楚或者不认同的，可以采取书面形式向人力资源部绩效考核管理人员提出申诉意见。

2. 提交申诉书

员工通过书面形式提交申诉书。申诉书内容需要包括申诉人姓名、所在部门、申诉事项、申诉理由等。

3. 申诉受理

人力资源部绩效考核管理人员在收到员工申诉后的 3 个工作日内做出是否受理的答复。对于申诉事项无客观事实依据，仅凭主观臆断的申诉不予受理。受理的申诉事件，首先由所在部门考核管理负责人对员工申诉内容进行调查，然后与员工直接上级、共同上级、所在部门负责人进行协调与沟通。如果不能协调的，上报人力资源部进行协调解决。

4. 申诉处理答复

人力资源部要在接到申诉申请书的 10 个工作日内明确答复申诉人。3 个工作日之内如果接受申诉申请，就要开始进行调查取证，调查取证时要保持公平公正的态度，对所有员工一视同仁，严格按照绩效考核的评定标准进行。

这个流程和腾讯的差不多，需要注意的是，每个公司的具体情况都会有差异，所以设计的申诉流程也要因人而异，要符合自身情况。

末位淘汰制度

末位淘汰制是一种绩效考核制度，主要是指企业根据自身总体目标和具体目标，再结合各个岗位的实际情况，制定一定的考核指标体系，以此指标体系为标准对员工进行考核，根据考核结果对得分靠后的员工进行淘汰。这种绩效考评方法，被我国越来越多的企业所采用。

在我国，对于"末位淘汰制"，最早推行的是华为等公司。2000年，正值华为的巅峰时刻，任正非以一封《华为的冬天》内部信，提醒华为人要居安思危，由此拉开了"末位淘汰"的序幕。对此，任正非说："末位淘汰制是永不停止的，只有淘汰不优秀的员工，才能把整个组织激活。"末位淘汰制让华为保持了活力，也让华为能够长期稳定发展。

而对于"视员工为企业的第一财富"的腾讯来说,在实施末位淘汰制方面也是非常小心的。另外,腾讯在很早以前就建立了"内部人才市场体系",员工只需要在原部门工作满三个月就可以申请调部门。2011年,腾讯通过"内部人才市场体系"完成调动的员工就有数百人,都是属于自愿提出申请的。腾讯的员工流动率一直保持在10%左右,远低于互联网行业的20%~30%。

腾讯的末位淘汰制一般在6月和12月实行,0~10%优秀,必须有5%的人转组(转组也可能出现没人接收的情况)或者被开除,腾讯在这一点上做得比较狠。升级与考核结果有一定的关系,员工想要上升一个小等级,必须最近两次考核得过一次A类考核结果。升T3.1是内部晋升的第一道门槛,要求员工在团队内足够优秀,才能以优秀被录用。在腾讯,进行末位淘汰制比较好的一点在于,底层普通员工如果技术真的不错可照样升级,这和是不是管理者关系不大。管理者的带队价值要在T3.3时才显现出来。

总的来说,腾讯推行了这么些年末位淘汰制,通过不断地研究与优化,给人力资源界带来了不少的参考价值。人力资源界也通过大量的实践证明,末位淘汰制既有积极的作用,也有消极的作用。

1. 末位淘汰制的积极作用

首先,能够激励员工,调动员工的工作积极性与工作热情,避免消极应付工作。腾讯的末位淘汰制是一种强势管理,通过给予员工一定的工作压力,激发员工的积极性与奋斗热情,从而使整个团队处于一种积极进取的工作状态,既解决了消极应付工作的问题,又有利于提高工作效率和企业经济效益。

其次,精简企业机构,促进人力资源的重新配置。腾讯通过末位淘汰制，对不同绩效级别的员工进行淘汰，在某种程度上兼顾了公平公正，有效地缩减了部门，同时，促进被淘汰员工再就业，推动了人力资源的重新配置，有利于资源配置的优化。

最后，有利于推动干部队伍的建设。末位淘汰制不仅适用于基层员工队伍，同样也适用于中层干部队伍。腾讯通过末位淘汰制，能够保证干部队伍的能力，坚持"优者上，庸者下，劣者汰"的管理理念，从而不断优化干部队伍的建设。

2. 末位淘汰制的消极作用

首先，从法律的角度看，末位淘汰制存在违法的可能性。腾讯和员工共同签订的劳动合同是双方的法律行为，如果在合同期限未满的时候，任何一方单方面解除劳动合同必须有法定的理由，否则就视为违法。如果腾讯与员工解除劳动合同的理由主要是员工的工作表现不好、业绩不能达到要求等，这些依据在法律上有些说不过去。因此，末位淘汰制如果使用不当可能会造成违法。

其次，从科学的角度来看，不同行业、不同阶段的发展水平是不均衡的，在腾讯内部绩效考核不佳的员工，可能在其他行业或其他企业能够表现得很好，这样的话，腾讯即便淘汰掉了末位员工，实际产生的效果和以前也没有什么差别，甚至有可能淘汰一些能力未被全部表现出来的优秀员工。

最近，从人格角度来看，被辞退的员工是被"淘汰"的，在一定程度上有损人格尊严，如果腾讯处理不当的话，甚至造成被"淘汰"员工的心理扭曲，比如"破罐子破摔"，这样的话，末位淘汰制带来的结果过于残酷，甚至会对人的尊严造成伤害。同时，这种做法在某种程度上会动摇团队信念与团队精神，甚至会直接影响团队整体目标的实现和整体的工作效率的提升。严重的，甚至会造成部分员工对腾讯失去信心，对腾讯失去归属感与信任感。

因此，对待末位淘汰制，企业要根据自身的实际情况以及员工的整体技能水平进行选择，切不可盲目效仿其他企业，否则将影响企业的正常发展。

第 10 章
CHAPTER 10
腾讯员工创新管理

对于任何一家想要长久发展的企业来说，创新是非常重要的。"要么创新,要么死亡！"管理学家大师托马斯·彼得斯道出了创新的重要性。对于创新，腾讯的主要创办人之一陈一丹也说："互联网天生就是创新的代名词，创新与知识产权是互联网企业发展的基础。"因此，腾讯也一直在思考如何做好员工的创新管理，如何通过内部创新让员工保持活力，如何让员工的创新精神发挥到极致……

强化员工的危机感

一个企业有没有竞争力，主要看它的团队有没有竞争力。然而，竞争力来源于危机感，有危机感就有压力，有压力就有动力。对于大多数人来说，压力越大，动力就越大。"安而不忘危，治而不忘乱，存而不忘亡。"尽管这是治国安邦之策，但对于企业管理同样适用。作为企业，在成长与发展的过程中难免会遇到难题，面对各种各样的危机与压力，要不断强化员工的危机感，让员工不断将压力转化为动力。

腾讯公司总裁刘炽平曾说过："我们需要时刻保持清醒，充满危机意识和前瞻性，才能引领腾讯进入下一个时代。"所以，在员工创新管理上，腾讯特别重视强化员工的危机感。让员工拥有危机意识，才能为腾讯不断创造价值。

那么，腾讯是如何强化员工的危机感的呢？

1. 建立竞争机制

腾讯在选用人才上主要看重的是个人能力，一个人想要在企业中留下来就需要不断地进行竞争，做到"能者上，庸者下"。腾讯建立竞争机制是为了不断培养员工的进取意识，让员工为实现个人价值而不懈努力。当员工战胜挑战时，他们就会有足够的勇气和自信去面对、解决其他困难，从而为腾讯做出更大的贡献。

2. 制定淘汰机制

没有淘汰机制就没有危机感，没有危机感就缺乏激烈的竞争性，没有激烈的竞争性就不可能培养出员工的积极性。所以，腾讯采取末位淘汰制度，给予员工危机感，让员工在不断的竞争中变得更加强大。

3. 为员工搭建一个动态的竞争平台

在腾讯内部开设内部岗位需求或岗位招聘专栏，以便员工及时了解内部岗位需求动态，拓宽员工岗位竞争渠道。该平台让员工通过竞争上岗来实现自己的愿望，发挥自己的才能。

其实，无论哪种方法、哪种途径，目的只有一个，就是强化员工的危机意识，让员工切身感受企业发展与自己的关联性，使员工的危机意识成为自觉行为，使员工具有能正确认识自己、能辨识危机并能独立处理危机等能力，让员工主动地去为自己努力。这样不仅有利于员工的个人发展，也有利于企业的稳定与发展。

鼓励员工良性竞争

长期以来，腾讯是非常鼓励员工进行良性竞争的，腾讯的很多决策都不是自上而下驱动的，而是由下而上驱动企业高层做出决策。腾讯内部有很多创业项目团队，企业又最大限度地进行权力下放，重视项目和产品的内部成长，鼓励员工的创新性与竞争动力，并给予员工试错空间，最大限度地发挥员工的潜能和自我价值。特别是在2010年初，新浪微博推出后迅速走红，受到广大互联网用户，尤其是移动互联网用户的喜爱和追捧，导致腾讯QQ在社交平台上的霸主地位受到了威胁，促使腾讯面临着严峻的挑战与竞争压力。马化腾意识到：在移动互联网时代，如果腾讯不能开发出深受用户喜爱的新产品，那么腾讯在互联网的地位必然会受到威胁，如果是这样，对于腾讯来说无疑是一场噩梦。

于是，腾讯开始高度倡导员工进行内部竞争，一度走向了"野蛮生长"的状态。腾讯鼓励员工进行内部竞争的后果带来的是新产品层出不穷。据了解，当时没有一名员工能够说清楚，腾讯到底有多少部门，有多少产品线，因为腾讯每天都会产生新的产品。由于腾讯放任过度的内部竞争造成腾讯内部的产品线混乱，再加上企业内部长期形成的自上而下的KPI考核，又促使着各业务部门想尽办法要在内部考核中获取"好成绩"。同时，由于腾讯已经坐拥7亿多的 QQ 基础用户，随便开发出一些新的应用产品，也不用担心没有用户。诸多因素综合在一起导致腾讯内部业务部门的创新质量大打折扣，没能生产出让用户感觉眼前一亮的产品。可以说，腾讯的内部竞争一度被业界认为"失控"。

好在这样的"失控"状态只持续了一年左右的时间。在 2011 年 1 月，随着微信的正式推出，腾讯重新确立了在移动互联网时代的霸主地位。与此同时，腾讯也开始着手整治内部的竞争。2012 年 4 月，在马化腾与著名的互联网思想家凯文·凯利的谈话中，感受到企业要鼓励自我革命，甚至是鼓励员工进行内部竞争，同时要避免内部竞争失控带来的经营风险。凯文·凯利认为："在工业化时代，垄断是一件非常不好的事情，垄断商通过垄断可以操纵价格，甚至影响国计民生，垄断会伤害到顾客，因而需要大众去反对。而在互联网时代，互联网垄断却会给用户带来更大的价值。比如，用户只要在手机上安装社交 App，通常少不了微信。对于用户来说，只要认准一个平台即可，还免除了选择的烦恼。所以，互联网世界存在的是一种自然垄断，一个企业或者系统一旦占据支配性地位，对用户来说其实有利。当然，互联网垄断的时间不会很长，往往是一种短暂垄断。举例来说，我们或许一度非常喜欢某个 App，然而一旦发现其弊端，或者某方面不适合自己，或者有更好的替代产品，就会迅速投入新的 App 的怀抱，抛弃曾经使用的 App。"

马化腾意识到，一个大企业一旦发展到成熟时期，那么产品、研发等就会受到限制，从而促使产品达到一个高点后，紧接着就面临衰落，甚至难以具备把握新机遇的能力。因此，企业一定要鼓励与引导自下而上的创新，而员工之间的良性竞争是促使创新的巨大助力。

在互联网时代中，产品的更新换代过于快速。所以，新一代的"王者"可能会在一个边缘地带诞生。比如,腾讯的微信并没有诞生在腾讯成熟的无线业务里,而是在广州研发中心诞生。当然,一旦微信成形,腾讯就以全企业的力量支持微信产出,包括核心的 QQ 关系链、营销资源、社交网站、微博等都联动起来,一起助力,将微信做大、做强。正如马化腾所说:"微信的成功,看似是竞争的结果,实则是互联网的一种演变,如果腾讯不去做,别的企业也会去做,这是时代演变的趋势,腾讯希望能尽量跟随这个潮流去成长,同时希望腾讯在内部竞争中继续产生引领互联网时代的佼佼者。"正是腾讯这种鼓励员工良性竞争的管理模式,才促使微信的诞生。

良性竞争应该是以提升每个人的工作能力与技能为主要目的的,鼓励员工进行良性竞争,实则是在帮助企业走向更好的发展。那么,腾讯是如何具体鼓励员工良性竞争的呢?

1. 制定了一套正确且标准的业绩评估机制

员工的荣誉感来自个人业绩的突出表现,来自领导对自己能力的认可,来自别人做不到的事情而自己却能做到。企业只有让每个员工拥有上进心,都有想争得第一的想法,才能让员工发挥其价值。针对员工的这种想法,企业要制定出一套详细的对员工业绩进行标准评估的机制。以实际业绩为根据来评价员工的能力,可以根据其他员工的意见或是直属上级领导的评价来评价员工的业绩。评判的标准要以实际情况为主,避免个人主观臆断。当员工业绩达到最高标准时,企业应该将该员工作为榜样树标杆,号召全体员工向其学习。这样就会在无形中带动其他员工的工作热情,激发其他员工的潜能,为整个企业营造一种积极向上、你追我赶的工作环境。在腾讯,各业务部门,特别是各个游戏工作室之间,都会面临强烈的排名压力，如绩效排名、业绩排名等。正是在这种压力的驱动下，员工为了取得更好的名次，就会拼命努力，尽一切努力地去做产品，获取好的业绩与名次，甚至是荣誉。

2. 建立了一套公开的沟通体系

员工都喜欢沟通无障碍的工作环境，在这种环境下没有上级和下级，只有对工作的专注、认真和负责。讨论某一个项目是为了把工作完成得更好，而不是领导强压式要求。沟通，可以缓解领导与员工的关系；沟通，可以让员工与员工之间的关系变得更融洽；沟通，可以让一个团队变得更加团结友爱。因此，企业要营造公开透明的沟通环境，让员工多接触、多交流。有话当面说，有意见明摆出来，诚实地表达自己心中的想法，这样更有利于企业的发展。腾讯内部会定期举办员工大会，员工可以在大会上说出自己对于公司、团队、项目以及个人的一些想法，人力资源部也会根据员工所反映的意见进行整合，并给予相应的回复。

3. 鼓励内部人才互相流动

在腾讯，特别鼓励内部人才之间的相互流动。腾讯在建立初期就提出了"内部人才市场"战略，即普通员工如果愿意申请调动业务部门，原业务部门只能同意不能驳回。在员工获得非常大的自由度的同时，各业务部门的主管也面临了巨大的压力，他们除了要带领团队把产品做好以外，还要给员工足够大的回报和希望，才能留得住人才。

企业只有在充分授权、良性竞争的宏观管理模式之下，才能成功激发出强大的创造力和业务冲刺能力，从而赢得源源不断上涨的发展空间。

灰度试错，敏捷迭代

"快"是互联网企业经营的利器。在互联网时代，各个行业的企业变化频繁，产品迭代周期快，组织和人相关政策、制度的变化必须跟上业务的节奏。一旦速度下降，就会出现很多解决不完的矛盾与问题。由于互联网行业是快速发展的，每天都在产生新产品，用户需求也日新月异，这就导致了互联网行业的竞争日趋激烈。在这种市场环境下，一旦速度跟不上，就有被淘汰的可能。

然而，很少企业能够意识到这一点。领导者在经营企业的时候，总是喜欢铺大摊子，追求完美，认为完美的产品才能推出去，才能深受广大用户的喜爱。然而，在马化腾看来，这种做法是非常不明智的。他认为在互联网时代，谁也不比谁傻五秒。只要速度跟不上，必然会被竞争对手赶上，甚至是超越。马化腾说："市场从来都不是一个耐心的等待者。在市场竞争中，好产品往往是从不完美开始的。"除此之外，马化腾还给企业经营者一句忠告："小步快跑，快速迭代。"所谓"小步快跑，快速迭代"就是要快速推出新产品，然后每天坚持发现并解决一两个小问题，产品才能在不断地改进中趋近完美，才能更符合用户的需求。

例如，腾讯早期的绩效考核分四档：S、A、B、C。S最优秀，C最差。当时，企业处在快速发展阶段，需要员工拥有紧迫感。但是随着企业很多业务成为行业第一，领导者和 HR 都希望把绩效考核变得更加弹性化。于是，领导者将考核结果从四档变成五档，肯定了大部分员工的表现与能力，好的进行表彰和发展，不好的给予鞭策或者淘汰。腾讯旧的绩效体系在运作十几年之后，HR 思考员工管理能不能像做游戏产品一样，先进行灰度测试，慢慢磨合之后把实践中发现的问题逐步解决，再逐渐放大。因此，腾讯 HR 在四档变五档的变化中共做了三轮灰度试错。

第一轮，腾讯 HR 一直遵循那句话"先尝自己出的狗粮"

所以，在绩效考核变革之前先在 300 人的 HR 团队进行试点。试点过程中发现，方案设计得再完美，和员工真正的感受还是有差别，这一轮试点收到很多吐槽，HR 根据槽点又对方案进行了修改与完善。

第二轮，寻找 3000 人的典型业务部门进行试水

在实施的过程中又发现了很多问题，比如业务对 HR 专业术语不理解，同时还产生了一些新的矛盾与问题等。基于这些反馈，HR 再次对方案进行了优化。

第三轮，在全企业进行推广

经过两轮试水，在全企业进行推广时虽然还会听到一些不同的声音，但已经大大降低了员工对新体系的不适应和排斥。腾讯的绩效考核在通过历时一年半的灰度试错后，终于开始敏捷迭代，既能响应业务需求又能不断纠错，完善绩效考核。

QQ 农场的成功也是腾讯具有代表性的产品之一，也是通过不断的灰度试错，才进行的快速迭代。因为 QQ 农场团队深知，互联网产品的需求不能通过几个月的市场调查、用户调研、产品规划弄清楚，必须要在不断变化的市场检验中加以完善，以至趋向完美。基于这种考虑，QQ农场团队采用了敏捷迭代的"极速模型"开发模式。在这种模式下，"QQ农场"平均每天都会发布一个新的版本，QQ农场团队这样做完全符合腾讯所提倡的"小步快跑，快速迭代"的产品打造思维。为了能够尽快完善产品，QQ农场团队包括项目经理、产品研发、UE设计、前端开发、后台开发、测试、运营人员等，团队中的各个角色之间相互合作，把迭代开发周期定为一周，在这种高标准的产品打造模式下，QQ农场实现了在一次迭代中完成多次交付和发布过程。经过这种快速的交付和发布，QQ农场团队让用户能够快速地使用新产品，进而能够迅速得到用户反馈信息，依靠用户反馈信息对产品进行调整与优化。最终，在不断地改进和优化下，"QQ农场"成为大多数用户喜欢的一款产品。

腾讯经过14年的打磨，最终打造出了"灰色维度"，而"小步快跑，快速迭代"就是"灰色维度"的重要组成部分。在腾讯，维持快速迭代的渐进式创新，是腾讯产品持续成功的重要因素之一。腾讯就是不断地进行灰度试错，才促使产品的敏捷迭代，才有了令人羡慕的绩效考核制度，才有了深受大家喜爱的QQ农场。正如马化腾强调的"在任何产品的开发和运营中，腾讯也在不断地试错和学习"，马化腾的这个理念也一直体现在腾讯的每一款产品中。

其实，"小步快跑，快速迭代"的思维是互联网时代企业最应该具备的产品打造思维。特别是在移动互联网时代，运用好这种思维，能够运用用户的集体智慧来不断完善产品，帮助企业获取更好的发展空间与前景。因为，企业在发展的过程中，要不断地进行尝试，唯有如此才能成就出色的产品。

进行"微创新"

在2010年中国互联网大会"网络草根创业与就业论坛"上,奇虎360董事长周鸿祎第一次提出了"微创新"的概念:"用户体验的创新是决定互联网应用能否受欢迎的关键因素,这种创新叫'微创新',微创新引领互联网新的趋势和浪潮。"同时,他还强调,"你的产品可以不完美,但是只要能打动用户心里最甜的那个点,把一个问题解决好,有时候就能四两拨千斤,这种单点突破就叫'微创新'。尤其是对于小企业,创业者没有什么可抱怨的,这就是现状,唯一要抱怨的就是自己没有进行创新。"在周鸿祎看来,微创新就是"从细微之处着手,通过聚焦战略,以持续的创新最终改变市场格局,为用户创造全新价值。"周鸿祎认为,"在互联网里干,做什么都不如做一件新产品改变世界来得彻底,而要把一件新产品做得好,实际上,所有颠覆性模式都是从'微创新'开始的。"

对于周鸿祎提出的"微创新",马化腾表示赞同。马化腾认为,互联网行业的竞争大多是在原有技术基础之上。开发出更有利于市场、受用户喜欢的新产品,从而赶超竞争对手。在这个过程中,自然离不开大量的微创新。对于微创新,马化腾也曾在不同的场合对其进行解读,他认为腾讯是根据国内的本地化需求以及用户日益变化的新需求,对产品进行不断地改进和迭代,这就是腾讯的"微创新"。

其实，腾讯自成立以来，就一直在进行着微创新。腾讯的管理理念是"一切以用户价值为依归"，企业对用户价值的认识往往不是一蹴而就的，而是一个漫长的观察过程，在这个过程中，需要针对用户新的需求，不断地进行改进和优化，做出很多小的变化，把一个个产品打磨好，让用户用得舒服、用得满意，从而不知不觉地得到越来越多的用户的认可。

例如，2005年3月，马化腾收购Foxmail团队后开始不断改进QQ邮箱。然而，马化腾对做出来的效果并不满意。通过体验，他从用户的角度向QQ邮箱团队提了很多改进的意见。2006年底，QQ邮箱团队进一步梳理了研发思路，做出了一系列实用的创新功能，使得QQ邮箱逐渐获得了良好的口碑。如今，QQ邮箱已经发展成为我国最大的邮箱服务供应商，QQ邮箱在2008年的400多个创新点中，有近300个是马化腾发现和提出的。他表示发现这些问题很简单，就是反复使用。身为腾讯的"首席体验官"，马化腾倡导每个产品经理要把自己当作一个挑剔的用户，用心去解决用户"挑剔"出来的每一个问题，通过不断的改进以及大量的微创新实现产品颠覆，给予用户最好的体验效果。

对于微创新，腾讯在人力资源管理实践上表现出了许多独有的特点，才促使腾讯能够一直有新的产品的出现。

1. 在招聘和培训时，保障员工的微创新能力

（1）注重员工的数据分析能力和创新思维

在腾讯，对产品经理甄选的基本素质要求是具备数据分析能力、逻辑推理能力和创新思维能力。由于腾讯的用户信息非常之多，对用户体验的反馈不可能仅仅依靠客服的人工服务，而是在很大程度

上要用大数据分析来"倾听"用户的需求,发现用户的需求偏好,所以数据分析能力对于致力于"聚焦用户体验"的腾讯而言是非常重要的。而要做到微创新,那就少不了"逻辑推理能力"和"创新思维能力"的支持。因此,腾讯需要的是能够"突破常规的思维模式"的人才。这样的人才具备创新思维,能通过用户反馈发现问题,并不断去解决,从而保障新产品的开发与完善。

(2)采取用户导向的培训

新员工入职时,腾讯会进行"倾听客服"方面的培训。其目的是让员工学会如何用数据来描绘用户的真实需求,学会如何倾听用户的诉求(甚至是抱怨),以及如何去做专门的口碑调研等。通过这种独特的培训,不断向员工灌输"聚焦用户体验"的重要性,也潜移默化地营造了良好的"微创新"工作氛围。

2. 架构和平台的搭建,为员工提供微创机制的保障

(1)让项目团队做好自主管理

目前,腾讯拥有六大事业群。各事业群围绕用户整合各种资源,基于用户群体形成大项目内套小项目的项目合作制,一个事业群里面有无数个项目组在互相合作。员工以小组为单位开展工作,小组内部分工协作,互帮互助,有问题也一起交流,员工的工作时间也可以自行安排。在腾讯,所有的开发、设计等都来源于产品需求。因此,在每个项目团队中,最贴近用户的产品经理就成了每个项目小组的驱动因素。在腾讯,项目团队的研发自主性非常高,而团队整体的节点控制和目标考核又保证了其高效运作。这种高效而聚焦的团队模式,保证了腾讯对用户需求的正确把握以及"快速迭代"能力的夯实,让腾讯研发出了好的产品。

（2）开放的共享平台

2012年，腾讯研发管理部就开始面向企业开放了Code平台（代码管理平台），鼓励技术人员在平台上进行技术交流与共享。后来，Code平台有了新功能模块——公共组件平台，主要用于腾讯内部的组件分享。这个平台为后来的代码文化项目奠定了坚实基础。为了方便员工学习和交流，腾讯建立了内部大讲堂、内部的KM在线学习体系等。此外，腾讯还经常举办企业内部的项目经验交流会，鼓励员工之间相互分享自己的项目经验，以更好地推广创新能力和创新意识。

从最初的业务接口的开放到2013年底腾讯云的正式推出，腾讯逐步建立起一个开放创新的共享平台。在这种内部与外部共享、学习与交流并存的机制驱动下，腾讯全体员工的微创氛围不断加强，员工的创新意识与创新能力也在不断提高。同时，腾讯将用户和员工纳入微创平台的做法，为腾讯微创事业的发展增添了新的助力。

3. 采取激励手段和运用企业文化，保障员工的微创动力

（1）结果导向的绩效考核

腾讯的结果导向与一般意义上的业务成果导向不太一样。结果导向的绩效考核评判项目成败的标准不是商业盈利和数量多少，而是产品在最终用户那里获得的口碑、影响力以及成长性等。同时，腾讯还非常注重对项目节点的考核与监控，考核的重点主要是用户的反馈与体验效果。以腾讯的"微信"产品为例，在其取得重大业务突破时，其江湖地位并没有形成，但是已经在用户那里树立了良好的口碑和大众影响力，因此，"微信"获得了腾讯的高度认可。结果导向的绩效考核能够使项目团队更加专注于用户体验，更努力把

产品做好。

（2）用户导向的报酬激励

腾讯内部有许多创新奖项，特别是"微创新奖"。这些激励奖励包括了丰厚的物质奖励和整个企业的荣誉认可，同时还与职级、股票等挂钩。而这些奖励也都是以用户导向为主。以微信团队为例，当该项目获得企业最高奖励"重大业务突破奖"时，不仅没有盈利，甚至还在亏损。然而，基于其所获得的用户口碑和大众影响力，整个团队的全面报酬便是非常可观的，同时也受到了腾讯的认可与尊重。可以说，是用户导向为微信团队赢得了丰厚的回报。

（3）鼓励微创的企业文化

腾讯每月、每年都会对"微创新"进行奖励，每名员工都可以申报自己的项目，然后在腾讯内部进行投票。为了鼓励微创新，腾讯还特别设立了创新中心，举办创新大赛。后来，腾讯将创新中心由腾讯深圳研发中心分离出来，以专门负责收集、整理企业业务部门以及外部用户提供的创意为主，最终以"创新孵化器"的形式将创意演变为成熟的可供商用的业务平台。此外，腾讯还专门设置了容错机制，以鼓励每名员工不断试错、不断研发新的产品。

腾讯通过一系列鼓励措施，为企业树立了重视用户、鼓励微创新的企业文化，也深深地激发了广大员工的创新动力与创新思维。腾讯的成功证明了，企业的任何战略和战术意图的实现都需要人力资源管理体制与具体措施强有力的支持与帮助。如果说"微创新"是腾讯核心竞争力的一个外显，那与之配套的人力资源管理机制和措施，就是培育此项核心竞争力的驱动力。

腾讯创新大赛

为了激发员工的创意，保持企业创新活力，腾讯在企业内部形成了激励员工自由创新并为员工创新创造优越条件的企业文化。腾讯不仅设立重奖，奖励在各方面有所创新的员工，还定期开展"创新大赛"。

腾讯创新大赛是 2012 年由腾讯集团发起的关注艺术与科技领域的青年创新人才计划。通过集合腾讯优势业务以及各个领域的顶尖合作伙伴，挖掘、培养、启发并孵化年轻人的创意思维，共同推动青年人的创新力和创造力。腾讯创新大赛从侧面来说，也是为腾讯挖掘和发现有才之人，并为企业所用。而且员工参加创新大赛，腾讯会对获胜的个人或团队进行集中奖励。

2018 年，NEXT IDEA 腾讯创新大赛以"创意活化世界遗产"为主题，携手长城、故宫博物院、秦始皇帝陵博物院、敦煌研究院、大英博物馆等顶尖文博机构，引入《女史箴图》《千里江山图》《蒙娜丽莎》等数十个超级文化符号，面向所有青年创意人才展开创意作品征集。

1. 文创设计

NEXT IDEA 文创设计大赛由腾讯用户研究与体验设计部、腾讯互娱以及腾讯文创共同发起，联合中国文化遗产研究院、长城保护联盟、秦始皇帝陵博物院、敦煌研究院、大英博物馆、中国文物保护基金会、中国邮政、福方文化以及腾讯公益慈善基金会共同主办，主要是围绕长城、故宫、秦始皇兵马俑、敦煌莫高窟、大英博物馆、卢浮宫等海内外世界文化遗产 IP 发挥想象，要求青年创意人设计兼具创意与实用的文化创意作品。通过创意的力量，向当下年轻消费群体传播艺术文化，弘扬中华与世界文明。通过创新大赛挑选出来的优秀作品将由公益文创平台、腾讯互娱、腾讯文创进行孵化。

2. 原创文学

NEXT IDEA 原创文学大赛由中国最大的原创文学平台阅文集团承办，主要是为那些创作梦想的高校生提供一个发挥创意、实现梦想的平台，发掘文学新人。只要满怀文学梦想的青年人都可以参加，而且有机会成为全明星作家。对于获奖作者，腾讯除了给予丰厚的奖金、专属合约外，还将获得阅文集团业界最强大的渠道推广资源以及资深导师的专业指导，从而为获奖者提供一个更广阔的发展平台。

3. AI 安全

NEXT IDEA AI 安全大赛由碁震（Keen Team）主办，其中 GeekPwn（极棒）是全球首个关注智能生活的安全极客大赛，由腾讯赞助，主要是为富有脑洞大开的创新思维、热爱技术的极客提供一个展示和交流的平台。GeekPwn 2018 年持续关注"人工智能安全"议题，以"人攻智能，洞见未来"为主题，旨在通过预演智能设备及人工智能领域潜在的安全问题，帮助人们更安全地过上智能生活，享受智能生活的乐趣。

4. 智能互联

NEXT IDEA 智能互联大赛，主要是为了支持青年人发挥自身的创意能力，激发青年人关于 AR 领域的无限想象，通过"微视眼镜 AR"硬件实体，将 AR 创意进行展现。"微视眼镜 AR"是由腾讯微视联合亮亮视野出品的智能硬件产品。用户将其与手机相连，可以直接在手机屏幕进行操作，在一些场景中也可以使用固定的手势进行操作。

智能互联大赛主要是征集 AR 技术创意，通过来自腾讯、英特尔及亮亮视野的专家评委进行评审，从应用场景实用性、视觉效果展现、趣味性等各个层面进行评选。优秀创意作品将获得腾讯提供的创意基金，同时，还有机会运用在"腾讯微视眼镜 AR"硬件中，借助腾讯将作品展示给更多的消费者，让更多的人知道 AR 技术。

5. 游戏制作

NEXT IDEA 游戏制作大赛由腾讯游戏学院主办，主要是通过游戏创意制作过程和作品产出发掘高校优秀的游戏研发人才和创意作品，给予更多有能力的人才一个展示自己的舞台。2018 年赛事在往届的娱乐性游戏的基础上，围绕中国传统文化 IP，新增了功能游戏主题。在开发平台上，除了原有的 PC 和移动端游戏开发，还和微信小游戏合作，增加微信平台，参赛者可以根据自己的兴趣爱好进行游戏创作。

6. 短视频大赛

NEXT IDEA 短视频创意大赛是以"我心中的中国节"为主题的

传统文化微视频创意征集活动，该大赛由中央网信办网络社会工作局、光明日报指导，光明网、NEXT IDEA 创新大赛以及腾讯微视共同举办，主要是通过创意联结传统文化与互联网，为广大用户营造传统节日正能量氛围。

7. 音乐创意

2018 年 NEXT IDEA 音乐创意大赛是 QQ 音乐携手故宫博物院、腾讯 NEXT IDEA，共同打造的一个全新文创项目——"古画会唱歌"。NEXT IDEA 音乐创意大赛，首次开放 10 幅故宫典藏名画，邀请音乐创作者为其"唱作"。这次大赛的主题曲《丹青千里》，以千年前 18 岁的王希孟创作的《千里江山图》为灵感，通过轻逸悠扬的音乐诠释了画作中少年独有的豪情和细腻，演绎出中国山水画可居可游的境界，表达了古往今来人们对美好生活的向往，既气势磅礴又古雅温逊。这次大赛还携手 AI 人工智能、原创音乐人及唱作歌手一起，支持和鼓励青年人以音乐为触点，共同探索用现代音乐书写传统文化 IP 活力的新模式，用充满创意的音乐创作让"古画会唱歌"，加深人们对传统文化的认识。

8. 漫画创意

NEXT IDEA 漫画创意大赛主要是用动漫赋能文化，让青年传承传统历史文化。该次大赛由腾讯动漫联手著名漫画家蔡志忠老师、敦煌研究院共同打造敦煌题材漫画故事，该作品预计于 2018 年 9 月独家上线腾讯动漫平台。在作品上线后读者可以敦煌漫画为蓝本创作同人作品，描绘"我心中的敦煌"。该次大赛主要是运用动漫的创意思维，在年轻群体中传播中国优秀的传统文化，用青年人的创意与新想法，让优秀的传统文化"活"起来，助力传统文化的传承。

9. 青年编剧

NEXT IDEA 青年编剧大赛从 2015 年开始，致力于发掘中国有潜力的青年影视人才，主要是帮助年轻的编剧和导演实现影视梦想。该比赛面向 16~35 周岁的全球青年作者征集中文原创剧本作品。经过评审团在市场潜力与作品文学性两个维度的专业评估，肯定与奖励青年作者的创意和作品，并通过腾讯业务机会、平台优势与行业伙伴帮助有潜力的编剧人才更好地发挥其才能，更好地为中国的影视业做出贡献。在过去三年间，NEXT IDEA 青年编剧大赛收到过有效作品超过 1900 余件，已与北京电影学院等 6 所艺术院校和清华大学等 15 所综合院校建立专区合作。自 2016 年起，比赛体系更搭建了孵化模块："NI 青年剧本推介会"和"NI 青年编剧工作坊"，更有力地将青年作者与作品推向影视市场，真正实现对中国影视产业的助力。

10. 青年导演

NEXT IDEA 青年导演扶持计划是由腾讯影业发起的，发掘与孵化中国青年导演的系统计划。自 2015 年以来，NEXT IDEA 陆续与国内优质平台联手助力发掘优秀青年导演，为中国影视行业提供新鲜力量：2015 年，联合广电总局电影局、中国电影导演协会共同发起首届"青葱计划"，发掘更多的青年导演；2016 年，与第 22 届北京大学生电影节达成合作，为大学生提供更多的机会；2017 年，与西宁 FIRST 青年电影展达成战略合作，成为创投会首席战略合作方。

除了大力选拔青年导演外，NEXT IDEA 同时积极给予行业机会，为孵化青年导演营造各种机会，为青年导演提供一个更好的发展平台。2017年4月，腾讯影业春藤电影工坊发起"比翼新电影计划"，向10位新锐青年导演提供10个来自腾讯动漫平台上的国产动漫IP，携手爱奇艺、新浪娱乐、伯乐影业、新片场、福斯、毒舌电影等行业伙伴，共同合作完成了10部网络大电影。

2018年腾讯再度与西宁FIRST青年电影展携手，共同助力青年导演。不仅继续保留创投奖项、支持创投会与青年电影人，还将深度参与2018 FIRST训练营的举办工作，并为训练营做影像记录。

11. 青年演员

NEXT IDEA青年演员大赛，发起于2015年，由腾讯影业发起、共青团中央指导，主要是为了发掘新生代潜力演员，帮助年轻人实现表演梦想。

第一届、第二届赛事以10~15分钟的现场短舞台剧表演作为主要考核形式，结合微电影拍摄等环节，充分考核参赛选手的演技与风采。在表演中取得优异成绩的选手将获得腾讯影业、撲度娱乐、开心麻花、赖声川表演工作坊等公司或团体提供的表演和签约机会。

第三届赛事联动行业合作伙伴，开放《张公案》《涩女郎》《网球王子》《刺客道》（小说原著《暗杀1905》）等多个重磅影视项目，以个体参赛形式进行。同时补充线下特色化IP短片拍摄训练营，按照影视项目实体化进行拍摄，IP导演现场教学与指导，让年轻演员的表演才华得到更立体、更充分的展示。决赛盛典邀请专业评审团及四个重磅影视项目幕后主创莅临现场，成绩优异的选手将获得影视项目试镜机会。

2018年，该大赛开启全新的赛制，重磅影视剧组进驻，神秘大咖导演降临。

腾讯举办创新大赛，作为腾讯的员工，也都可以参加，而且腾讯还会给员工提供丰富的学习培训机会，比如出国考察培训等。通过这样的方式不断提升员工视野与技能，给予员工更多的机会去接触新的知识，不断开阔员工的创新思维，才能更多地发现机遇和触发创新。腾讯正是通过这些有效的制度保证企业内部的创新氛围，实现企业创新发展，为更多的优秀人才提供一个实现创意的平台，让更多的人感受创意的魅力，带动更多的人共同参与建设互联网生活。

让创新系统化、机制化

腾讯一直以来很重视微创新，但这并不意味着腾讯的创新是零散进行的。在腾讯内部有一整套创新体系。正如马化腾所说："在创新过程中，一个完善的创新体系无疑是创新成功最重要的保障。"因此，让创新系统化、机制化是保证腾讯能够维持新鲜活力的根本。

众所周知，科学技术是产品诞生的基础，创新又是以科学技术为基础的，从科学技术到产品的演进通常需要一个过程，这对腾讯来说也不例外。为了加快将基础技术应用到产品研发上，腾讯在内部形成了一套完善的研发机构，主要包括腾讯创新中心、产品业务部门等，为的是能够保证产品真正被研发出来。

对于腾讯的创新，可以将其分为三个阶段：

第一个阶段是 1998~2004 年的学习创新阶段

这个阶段的典型产品案例是 QQ。可以说，腾讯 QQ 中的各个功能都涵盖了腾讯的创新理念，比如移动 QQ、QQ 群、离线消息、魔法表情、个性签名等。腾讯通过不断的创新，让 QQ 拥有了庞大的用户，并开启了腾讯事业的新起点，让腾讯继续发展下去。

第二个阶段是 2004~2006 年的整合创新阶段

腾讯试图将互联网服务和即时通信相结合，比如试图进入电子商务领域，将电子商务与即时通信结合形成新的商业模式等。其中，"QQ 秀"是腾讯整合创新阶段的一个典型成果，也证明了腾讯的成功。

第三个阶段是 2007 年至今的战略创新阶段

在这个阶段，腾讯的目标是为全中国的用户提供一站式"互联网在线生活"。在这个目标的推动下，腾讯的产品体系门类急剧增加，腾讯庞大的创新阵容被纳入更有效的管理之中，鼓励更多的员工进行创新，研发更多的满足用户需求的产品。

在腾讯的创新发展历程中，不容忽视的一个重要事件就是创新中心的建立。其实，创新中心的建立，与早期腾讯决策层的一系列判断失误有关。2002 年，腾讯在美国设立了办事处，办事处的一项重要职能是每周向深圳总部抄送一份美国互联网的趋势汇报。然而，办事处传递回来的许多重要建议并没有被深圳总部采纳。

2005 年 2 月，美国的一个视频网站 YouTube 突然出现在广大用户的生活中，主要提供给用户观看、下载及分享影片或短片的服务。YouTube 刚出现就深受广大用户的喜爱，办事处就介绍了这种模式，建议腾讯总部收购 YouTube，然而腾讯总部迟迟未采取行动；到了

2006年，YouTube每天浏览人数几乎高达600万，在短短的15个月内，就已成为当时浏览人数最多的网站。2006年11月，谷歌公司以16.5亿美元收购了YouTube。后来，YouTube所取得的巨大成就让腾讯追悔莫及。

对于这段经历，马化腾说："我确实没想到YouTube会发展得那么快，看好还是比较看好的。我们有个副总裁是负责投资的，他有很多时间都在美国，会经常给我们传递一些那边的投资信息。在YouTube还很小的时候，我们这个副总裁就建议收购它，我们也确实讨论过。放弃收购它的原因主要是两个：一是实在看不出来它怎么挣钱；二是腾讯国际化的步伐没有那么快，如果收购过来了，我们就得遥控指挥，没法消化它，所以作罢。"其实，腾讯当时没有收购YouTube也是站在自身的角度与发展情况来判断的，虽然与YouTube擦肩而过，但是这件事也给腾讯带来了很大的启示，让腾讯研发出了更多更好的产品。

为了使得腾讯内部有专门的部门负责创新业务，2006年7月，腾讯成立了创新中心，这是腾讯第一次由一个部门去负责企业的创新业务。创新中心是由腾讯深圳研发中心分离出来的，其最高管理团队被称为管理委员会，由包括CTO（Chief Technology Officer，首席技术官）、创新中心主任等几位骨干员工组成。

创新中心的出现标志着腾讯已经建立了一套能够自我更新、自我发展的创新机制。在创新中心成立的前一个月，腾讯用户研究与体验设计中心（CDC）也成立了，主要是为了通过创新不断提升用户体验。而创新中心的职责主要是搜集整理企业各个业务部门和外部用户提供的创意与意见，经过筛选后在企业内部的创新平台上提出，先由员工投票后，再由管理委员会从中选择可行的项目，最后让员工来评价。优秀的项目可以进入创新中心，然后由创新中心将该创意变成一个可行的产品，等到成熟可供商用后，这个项目就会整体转移到其他一线的业务平台。创新中心成立后，腾讯投入了许多的研发费，这足以看出腾讯对创新研发的重视。

2007年10月，投资过亿元的腾讯研究院正式成立，这是国内第一家由互联网企业自主建立的研究院机构。随着腾讯的创新研发体系基本形成，为腾讯后续的一系列产品创新提供了重要的系统化、机制化保障。

最大的创新：微信的诞生

在腾讯系列产品的发展历史上，微信具有重要的意义。因为正是有了微信，腾讯才能够在激烈的移动互联网竞争中得以继续发展。2019年第一季度，微信的用户数量超过了11亿。对于微信的诞生，正如马化腾所说："微信如果不出现在腾讯，对腾讯将是灭顶之灾，我们根本顶不住。"可以说，微信作为腾讯最大的创新，给腾讯带来了生命，让腾讯实现了更好地发展。

说起微信，不得不说一下"微信之父"——张小龙。

1994年的秋天，张小龙获得华中科技大学硕士学位，他曾在一家电信行业的国企工作，后来辞职进入互联网行业。1996年，张小龙凭借自己的才能开发了邮件客户端软件Foxmail。通过不断的改进与完善，他让Foxmail成为深受广大用户喜爱的一款邮箱客户端软件。到 2001 年，Foxmail 的用户人数已达到 200 万，而当时腾讯 QQ 只有 10 万。Foxmail 的存在被誉为唯一能与微软 Outlook 对抗的邮件软件。

2000 年，博大互联网公司开价 1200 万元收购了 Foxmail。张小龙获得了第一桶金。

2005 年 3 月，腾讯收购了国内知名电子邮件客户端 Foxmail，而 Foxmail 创始人张小龙及其研发团队 20 余人也在不久之后进入腾讯。2005 年 4 月，腾讯广州研究院（后改称广州研发部，以下简称为"广研"）成立，由张小龙担任广研总经理，主要负责 QQ 邮箱相关业务的研发和运营等工作。在研发的过程中，张小龙不断与邮箱用户进行互动，不断加强对产品和用户的理解。在不断提高 QQ 邮箱易用性和稳定性的基础上，他将邮箱平台作为产品理念的试验田，做出了 QQ 漂流瓶、阅读空间等产品。经过三年打磨，QQ 邮箱以简洁易用、安全稳定的特点受到用户的喜爱，并于 2008 年 3 月成为国内使用人数最多的邮件产品。在这一过程中，广研团队经历了从做客户端产品到做 web 产品的艰难转型。在他们看来，"少即是多"的设计理念，对用户体验的极端重视，团队磨合和梯队建设，技术能力的积累和敏捷开发的经验，都是团队在 QQ 邮箱开发过程中的收获。

2010 年 10 月，美国一款名为 Kik 的 App 因上线 15 天就收获了 100 万用户而引起互联网行业的关注。Kik 是一款基于手机通讯录实现免费短信聊天功能的应用软件。Kik 的快速崛起让张小龙敏锐地注意到了腾讯的危险性。于是，他在看 Kik 类的软件时，产生了一个想法：移动互联网将来会有一种新的 IM（Instant Messaging，即时通信，又称即时聊天软件），而这种新的 IM 很可能会对 QQ 造成巨大威胁。经过一番思考后，他向腾讯 CEO 马化腾写了封邮件，建议腾讯开发类似于 Kik 的产品。马化腾很快回复了邮件，对他的这个建议表示同意。随后，张小龙向马化腾请示由广州研发部来负责该项目的研发与运营。

2010 年 11 月 19 日，微信项目正式启动。微信项目团队的成员基本都来自广研的 QQ 邮箱团队，开发人员没有做手机客户端的经验，唯一做过的手机产品是在 QQ 的"手中邮"。

2011 年 1 月 21 日，微信 1.0 版本正式推出，当时微信的功能只是单纯的短信交互，没有多大的创意感，无法给用户新的体验，从 2 月份到 4 月份，微信用户增长并不理想，所有平台加起来每天也就增长几千人。但是，张小龙一直坚持做微信，还试图在微信上增加一些人性和文艺的元素，比如"朋友圈""附近的人""摇一摇"等。5 月 10 日，微信 2.0 版本发布，张小龙果断在微信中加入了语音功能，用户增长量开始逐渐增长，但是并不是很大。微信 2.0 的 Android 版发布以后，用户量开始快速增长。为了使用户在更多场景下都能较好地使用语音功能，微信团队对产品做了很多改进。当距离感应器无感应，语音对讲会默认为扬声器播放；只要把手机贴近耳朵，会自动切换为听筒模式，方便用户在开会或不方便扬声的时候接听。可以说，语音功能的加入使微信瞬间成为一个具有影响力的产品，也使微信在激烈的竞争中看到了希望。

2011 年 8 月 3 日，微信 2.5 版本发布，支持查看"附近的人"，该功能使用户可以查看附近微信用户的头像、昵称、签名以及距离，方便用户之间进一步的交流与互动，这让微信从熟人之间的沟通扩展到与陌生人交流。这一新功能的出现，让微信用户数第一次迎来爆发性增长。

2011 年 10 月 1 日，微信发布 3.0 版本，正式加入"摇一摇"和

"漂流瓶"功能，微信用户数有了迅猛增长，在 2011 年首届腾讯微创新奖中也榜上有名，让微信被更多的人所知晓。

2012 年 3 月 29 日，微信的用户数突破 1 亿。让用户数从 0 增长到 1 亿，微信用了 433 天。微信团队的成员们也非常庆幸当时的坚持，才有了今天的成绩。

2012 年 4 月 19 日，微信 4.0 版本发布，加入"朋友圈"功能，有人说这是微信"社交平台化"的一种尝试。微信支持把照片分享到朋友圈，让微信好友看到并加以评论；同时，微信还开放了接口，支持从第三方应用向微信好友分享新闻、音乐、美食、视频等。微信成为一个越来越成熟、越来越受用户喜爱的社交平台。

2013 年 8 月 5 日，微信 5.0 for IOS 上线了，添加了表情商店、游戏中心和"扫一扫"功能的全新升级，可以扫二维码、扫条码、扫单词翻译、扫街景、扫封面等。2013 年 12 月 31 日，微信 5.0 for Windows Phone 上线了，添加了绑定银行卡、绑定邮箱、表情商店、收藏功能以及分享信息到朋友圈等功能，微信的功能进一步优化。

2015 年 1 月 21 日，微信在 App Store 率先上线了 6.1 版，新版增加了"更换手机时，自定义表情不会丢失""附件栏发微信红包""可以搜索朋友圈的内容和附近的餐馆"三大功能，还增加了微信开场幻灯片——统计过去一年"收获的赞"和"送出的赞"。

2017 年 1 月 9 日，微信的第一批小程序正式低调上线，用户可以体验到各种各样小程序提供的服务。2017 年 5 月 18 日，微信进行更新，新增"微信实验室"功能。目前，启用的实验有"搜一搜"和"看一看"两个功能。2017 年 12 月 28 日，微信更新的 6.6.1 版本，增加了游戏功能，微信启动页面还重点推荐了小游戏"跳一跳"。

2018 年 1 月 31 日，微信发布 iOS 端新版本 6.6.2，支持两个账号一键切换登录以及发现页管理功能。2018年2月,微信全球用户月活数首次突破10亿。

2018年9月30日至12月31日,用户在日本、韩国、泰国、新加坡、澳大利亚、新西兰等地的微信支付合作门店,使用微信支付消费成功,即可参与摇摇乐活动,有机会获得微信支付到店红包或当笔免单福利。

对于腾讯来说,微信的诞生就是最大的创新,这与张小龙的杰出贡献是分不开的,同时也与腾讯内部鼓励员工不断创新的氛围和创新机制密切相关,正是腾讯对员工的创新管理,才有了今天的腾讯。

第四篇

04

腾讯人力资源管理的特色工具

"工欲善其事，必先利其器。"在人力资源管理方面，腾讯有许多方便实用、极具特色的工具，例如能力评定模型及标准、员工职业发展规划书等。这些工具可以使人力资源的管理工作变得更轻松，效率更高。

第 11 章
CHAPTER 11
腾讯各职位能力评定模型及标准

对不同职位所需要的能力进行准确地设定，是人力资源管理非常重要的基础工作之一，也是实现人岗匹配，发挥员工最佳效用的保证。下面主要讲述腾讯公司项目经理、产品经理、研发人员等职位能力评定的模型及标准。

腾讯项目经理能力素质模型

腾讯项目经理能力素质模型如表 11-1 所示：

表 11-1 项目经理能力素质模型

类别			知识点	P1 (初做者)	P2 (有经验者)	P3 (骨干)	P4 (专家)	P5 (资深专家)
素质模型	素质	1	学习/提炼能力	1	3	4	5	5
		2	沟通、谈判能力*	1	3	4	5	5
		3	承压能力	1	2	3	4	5
		4	执行能力*	1	2	4	5	5
能力模型	知识技能	5	专业知识*	1	2	3	4	5
		6	关联知识	0	1	2	3	4
		7	技术能力	0	1	2	3	5
		8	业务能力	0	2	3	4	5
		9	项目计划能力*	1	2	3	4	5
		10	项目跟踪和控制能力*	1	2	3	4	5
		11	风险识别与管控	0	2	3	4	4
		12	度量及数据分析	0	1	2	3	4

续表

类别		知识点	P1（初做者）	P2（有经验者）	P3（骨干）	P4（专家）	P5（资深专家）
客户导向	13	敏捷项目管理能力	0	2	3	4	5
	14	成本分析控制能力	0	1	2	4	5
领导力	15	团队影响力*	0	1	2	4	5
	16	带人的能力/知识传递	0	1	2	4	5
能力点变化总数			7	9	9	5	2

注：带 * 为关键能力项。

图 11-1 至图 11-5 为 P1（初做者）至 P5（资深专家）的雷达图。

图 11-6 为 P1（初做者）至 P5（资深专家》的能力点变化总数。

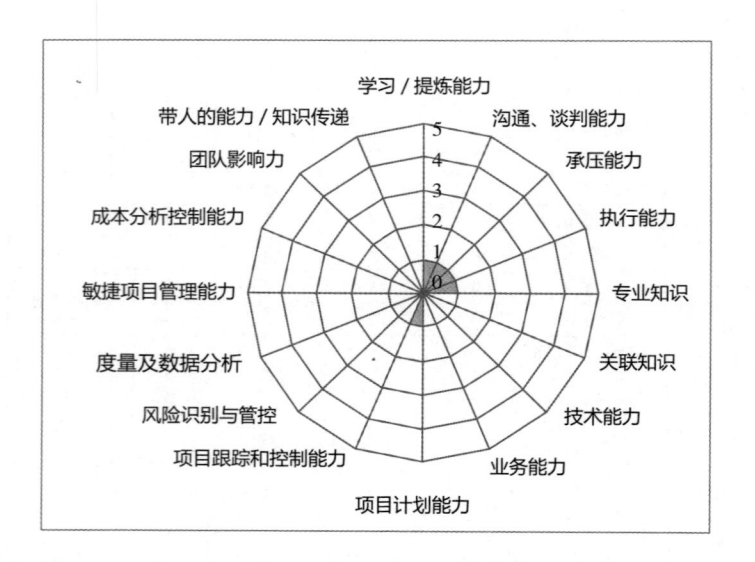

图 11-1　P1（初做者）的雷达图

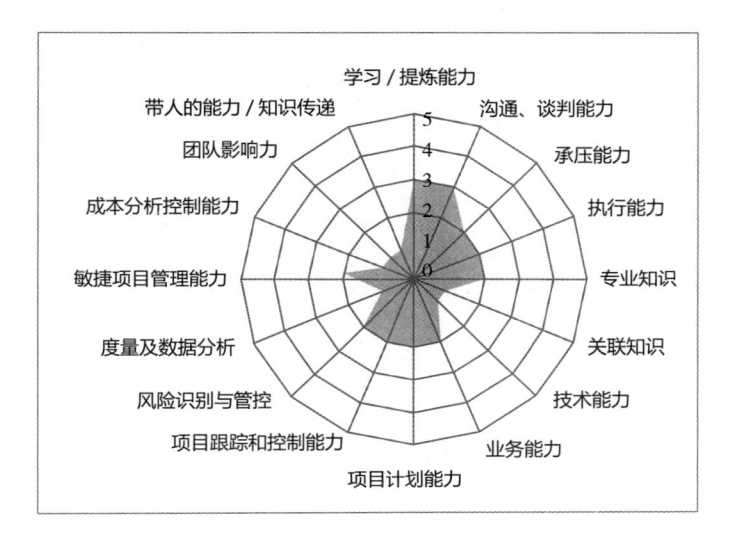

图 11-2　P2（有经验者）的雷达图

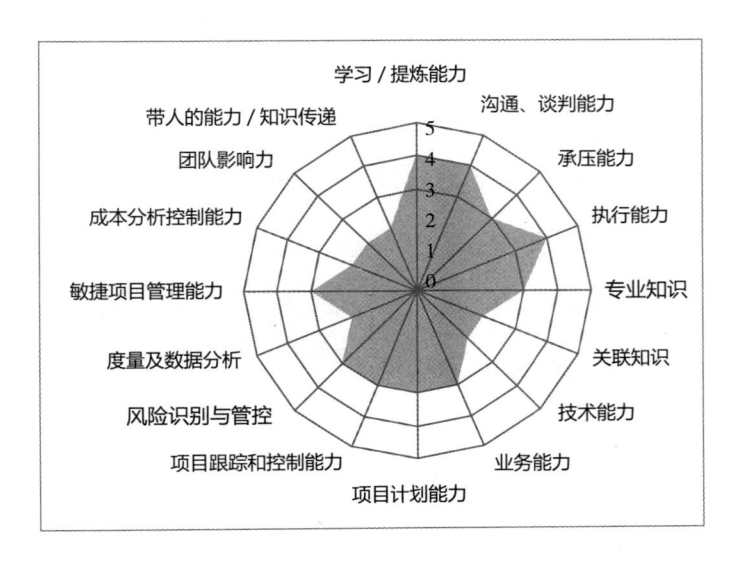

图 11-3　P3（骨干）的雷达图

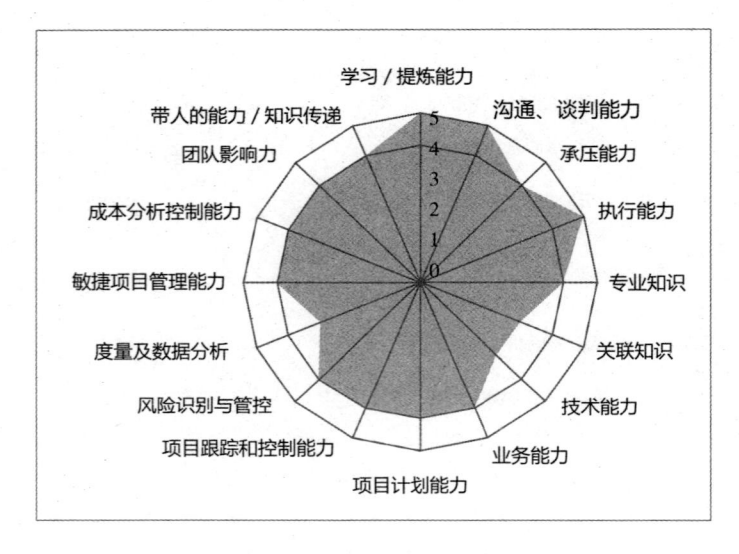

图 11-4　P4（专家）的雷达图

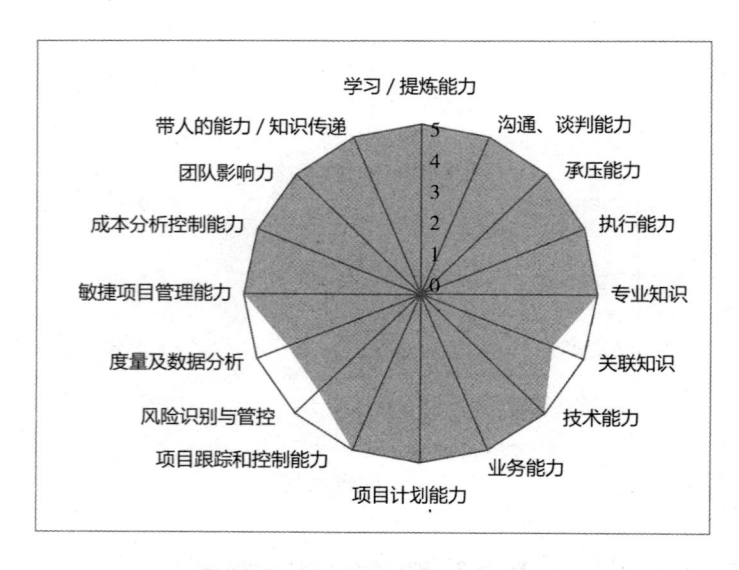

图 11-5　P5（资深专家）的雷达图

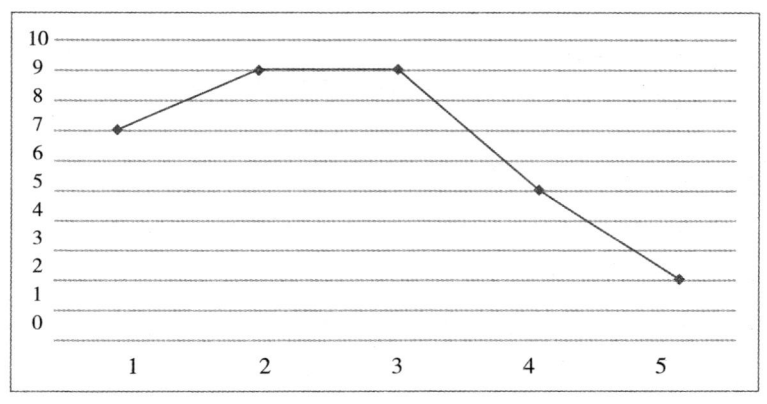

图 11-6 能力点变化总数

腾讯产品经理能力素质模型

腾讯产品经理能力素质模型如表 11-2 所示：

表 11-2　产品经理能力素质模型

能力项		评估要素		P1（初做者）			P2（有经验者）			P3（骨干）			P4（专家）			P5（资深专家）		
				基础等	普通等	专业等	基础等	普通等	专业等	基础等	普通等	专业等	基础等	普通等	专业等	基础等	普通等	专业等
素质模型	素质	基础素质	1	学习/提炼能力	1	2	3	3	4	4	4	5	5	5	5	5	5	5	5

续表

能力项			评估要素	P1（初做者）			P2（有经验者）			P3（骨干）			P4（专家）			P5（资深专家）		
				基础等	普通等	专业等	基础等	普通等	专业等	基础等	普通等	专业等	基础等	普通等	专业等	基础等	普通等	专业等
素质模型	素质	基础素质	2 办公技能	1	2	2	3	3	4	4	5	5	5	5	5	5	5	5
			3 执行能力/IQ	1	2	2	2	3	3	4	4	5	5	5	5	5	5	5
			4 关联专业知识	0	1	1	2	2	2	2	3	3	3	4	4	4	5	5
		关键素质	5 沟通能力/trade off	1	2	2	3	3	3	4	4	5	5	5	5	5	5	5
			6 行业融入感/ownership	1	1	2	2	3	3	3	4	4	5	5	5	5	5	5
			7 技术理解	0	1	1	2	2	2	3	3	4	4	4	5	5	5	5
			8 AQ/EQ（心态/胸怀）	1	1	2	2	2	3	3	3	4	4	4	5	5	5	5
能力模型	知识技能	市场能力	9 对外商务沟通	0	0	1	1	2	2	2	2	3	3	3	4	4	4	5
		产品能力	10 行业认知	0	1	1	2	2	2	3	3	3	4	4	4	5	5	5

续表

能力项			评估要素	P1 （初做者）			P2 （有经验者）			P3 （骨干）			P4 （专家）			P5 （资深专家）		
				基础等	普通等	专业等	基础等	普通等	专业等	基础等	普通等	专业等	基础等	普通等	专业等	基础等	普通等	专业等
能力模型	知识技能	运营能力	11 运营数据分析	1	1	2	2	3	3	4	4	4	5	5	5	5	5	5
			12 营销与推广策略	0	1	1	2	2	3	3	3	3	4	4	4	4	4	5
			13 危机预测与控制/预见性	0	1	2	2	2	3	3	3	4	4	4	5	5	5	5
	客户导向	市场能力	14 市场/用户的调研与分析	1	1	2	2	3	3	3	4	4	4	5	5	5	5	5
		产品能力	15 用户需求理解/80/20/细节	0	0	1	1	1	2	2	2	3	3	3	3	4	4	5
			16 产品规划（版本计划/细节）	0	1	1	2	2	3	3	3	3	4	4	4	4	5	5
		运营能力	17 渠道管理	0	1	1	2	2	3	3	3	4	4	4	4	5	5	5
	领导力	领导能力	18 项目管理	0	1	1	2	2	3	3	3	4	4	4	5	5	5	5

续表

能力项			评估要素		P1 (初做者)			P2 (有经验者)			P3 (骨干)			P4 (专家)			P5 (资深专家)		
					基础等	普通等	专业等	基础等	普通等	专业等	基础等	普通等	专业等	基础等	普通等	专业等	基础等	普通等	专业等
能力模型	领导力	领导能力	带人的能力/知识传递	19	0	0	1	1	1	2	2	3	3	3	4	4	4	4	5
能力点变化总数					8	12	9	9	6	7	6	6	9	5	3	5	3	2	4

下面以 P1（初做者）至 P5（资深专家）的基础等雷达图为例，具体见图 11-7 至图 11-11，能力点变化总数如图 11-12 所示：

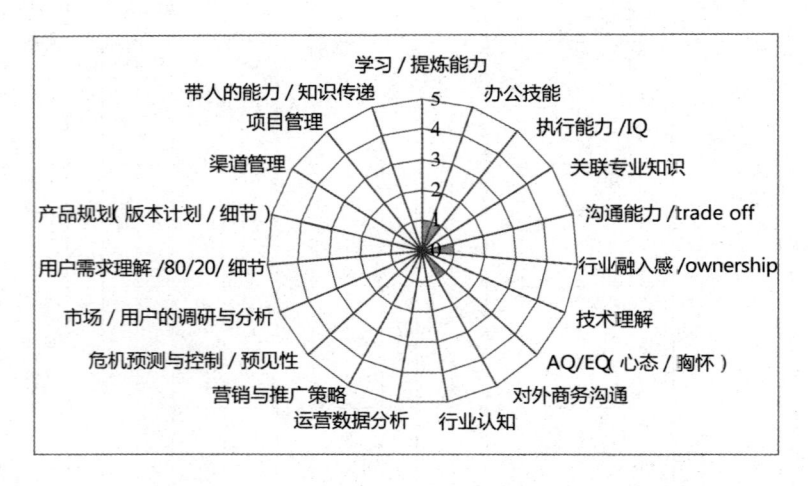

图 11-7　P1（基础等）的雷达图

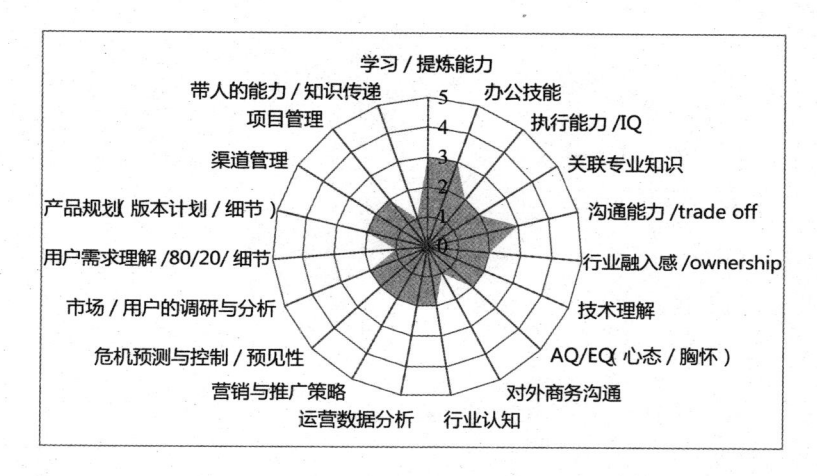

图 11-8　P2（基础等）的雷达图

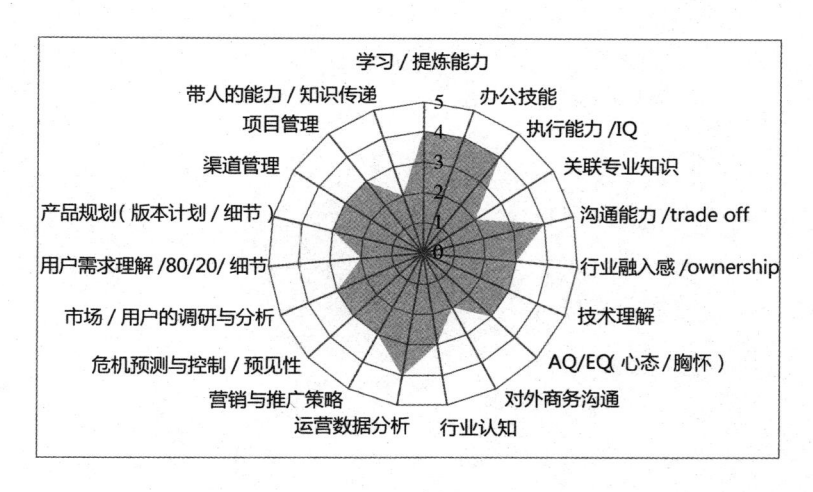

图 11-9　P3（基础等）的雷达图

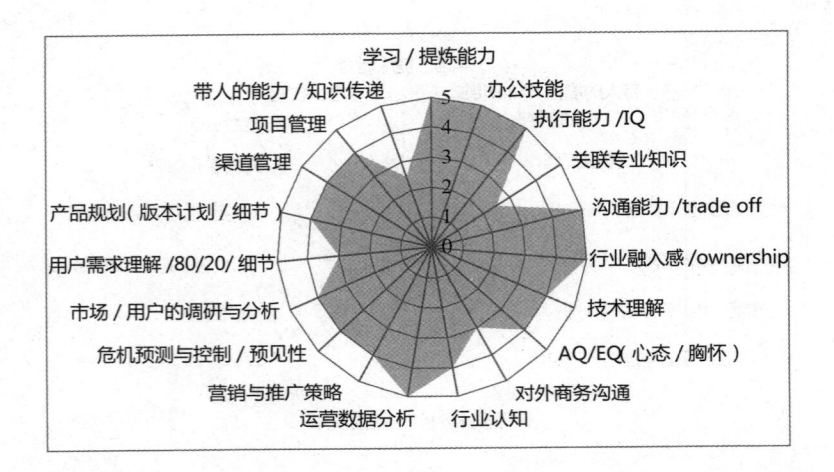

图 11-10　P4（基础等）的雷达图

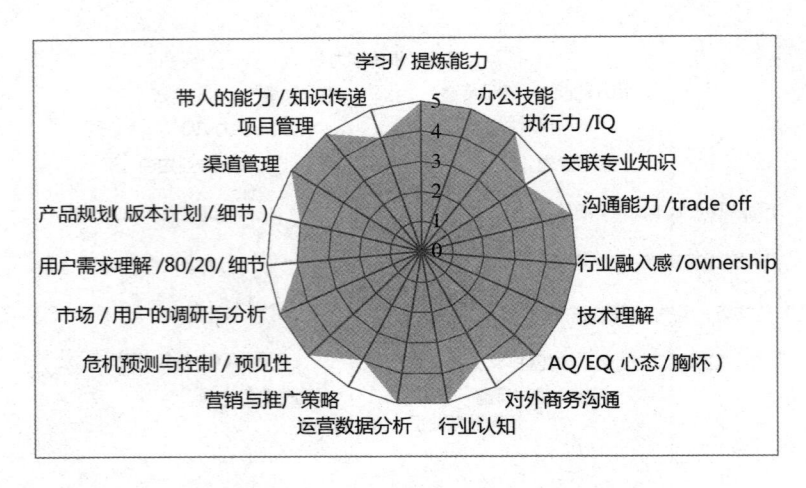

图 11-11　P5（基础等）的雷达图

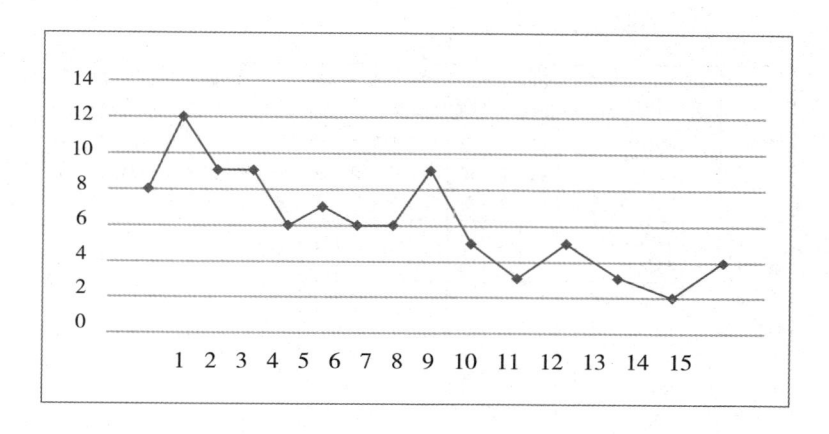

第四篇 腾讯人力资源管理的常用工具　209

图 11-12　能力点变化总数

腾讯研发人员能力素质模型

腾讯研发人员能力素质模型如表 11-3 所示：

表 11-3　研发人员能力素质模型

类别		知识点	P1 （初做者）			P2 （有经验者）			P3 （骨干）			P4 （专家）			P5 （资深专家）		
			基础等	普通等	专业等	基础等	普通等	专业等	基础等	普通等	专业等	基础等	普通等	专业等	基础等	普通等	专业等
素质模型	素质	1 学习/提炼能力	1	2	3	3	4	4	4	5	5	5	5	5	5	5	5

续表

类别			知识点	P1（初做者）			P2（有经验者）			P3（骨干）			P4（专家）			P5（资深专家）		
				基础等	普通等	专业等	基础等	普通等	专业等	基础等	普通等	专业等	基础等	普通等	专业等	基础等	普通等	专业等
素质模型	素质	2	沟通、谈判能力	1	2	2	3	3	4	4	4	5	5	5	5	5	5	5
		3	承压能力	1	1	2	2	2	3	3	3	4	4	4	5	5	5	5
		4	执行能力	1	1	2	2	3	3	4	4	5	5	5	5	5	5	5
能力模型	知识技能	5	专业知识	1	1	1	2	2	2	3	3	4	4	4	5	5	5	5
		6	关联知识	0	0	0	1	1	1	2	2	2	3	3	3	4	4	4
		7	技术能力	0	0	1	1	2	2	2	2	3	3	4	4	5	5	5
		8	业务能力	0	1	1	2	2	2	3	3	3	4	4	4	5	5	5
		9	项目计划能力	1	1	2	2	2	3	3	3	4	4	4	5	5	5	5
		10	项目跟踪与控制能力	1	1	2	2	2	3	3	3	4	4	4	5	5	5	5
		11	风险识别与管控	0	1	1	2	2	3	3	3	4	4	4	4	4	4	4
		12	度量及数据分析	0	0	1	1	1	2	2	2	3	3	3	4	4	4	5
	客户导向	13	敏捷项目管理能力	0	1	1	2	2	3	3	3	4	4	4	5	5	5	5

续表

类别			知识点	P1(初做者)			P2(有经验者)			P3(骨干)			P4(专家)			P5(资深专家)		
				基础等	普通等	专业等	基础等	普通等	专业等	基础等	普通等	专业等	基础等	普通等	专业等	基础等	普通等	专业等
能力模型	客户导向	14	成本分析控制能力	0	0	1	1	1	2	2	3	3	4	4	5	5	5	5
	领导力	15	团队影响力	0	0	1	1	1	2	2	3	3	4	4	5	5	5	5
		16	带人的能力/知识传递	0	0	1	1	1	2	2	3	3	4	4	5	5	5	5
能力点变化总数				7	9	6	9	5	6	9	6	8	5	5	6	2	4	4

下面以P1（初做者）至P5（资深专家）的基础等的雷达图为例，具体见图11-13至图11-17，能力点变化总数如图11-18所示：

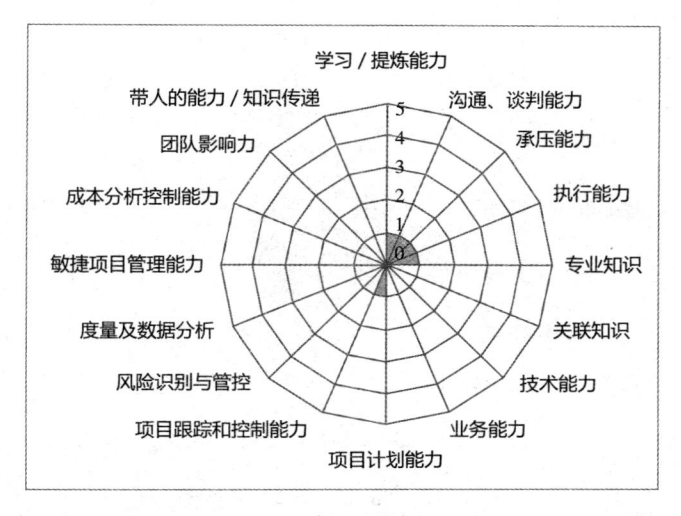

图11-13 P1（基础等）的雷达图

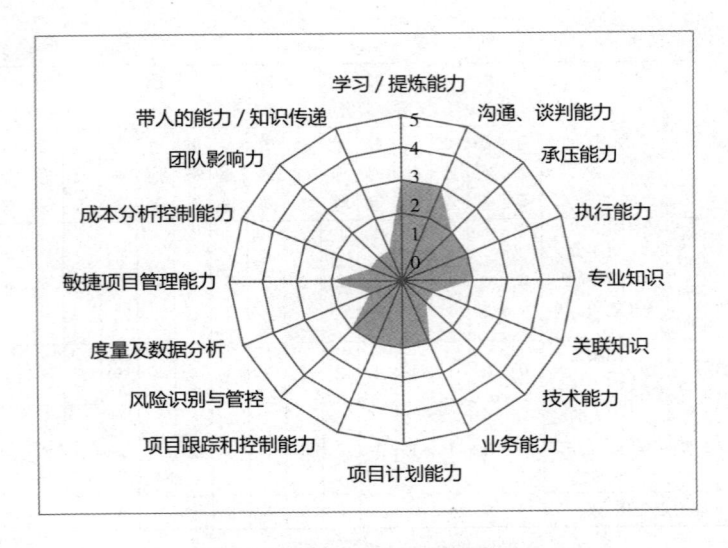

图 11-14　P2（基础等）的雷达图

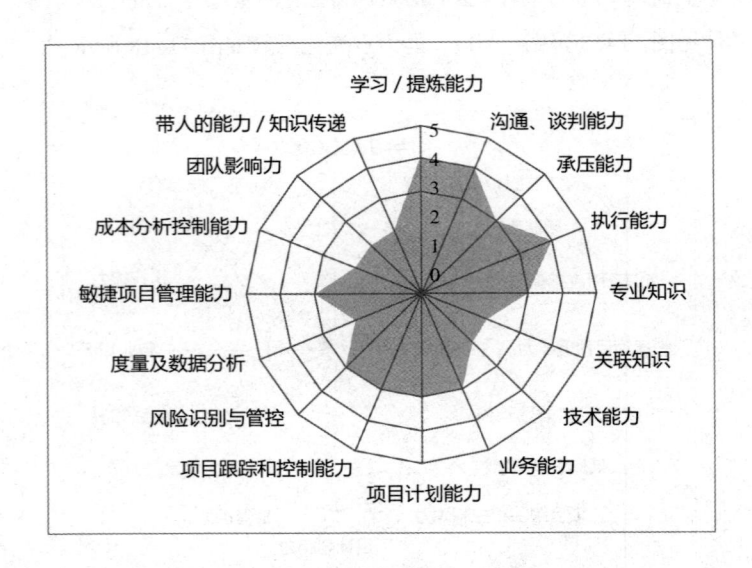

图 11-15　P3（基础等）的雷达图

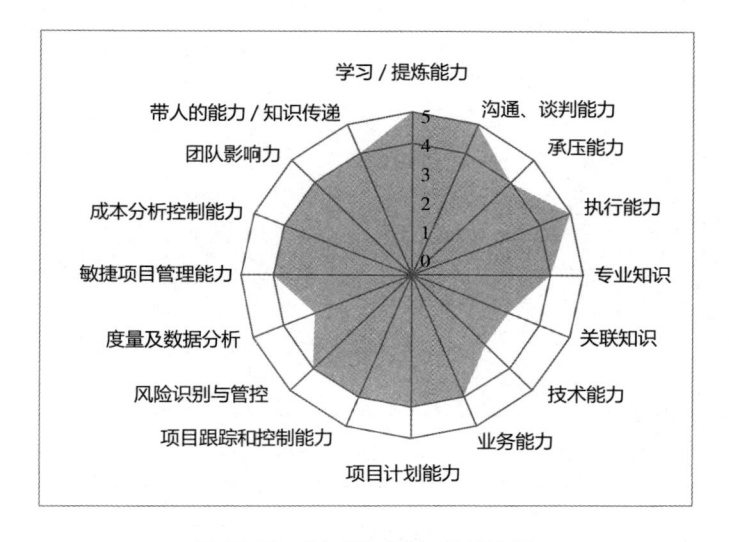

图 11-16　P4（基础等）的雷达图

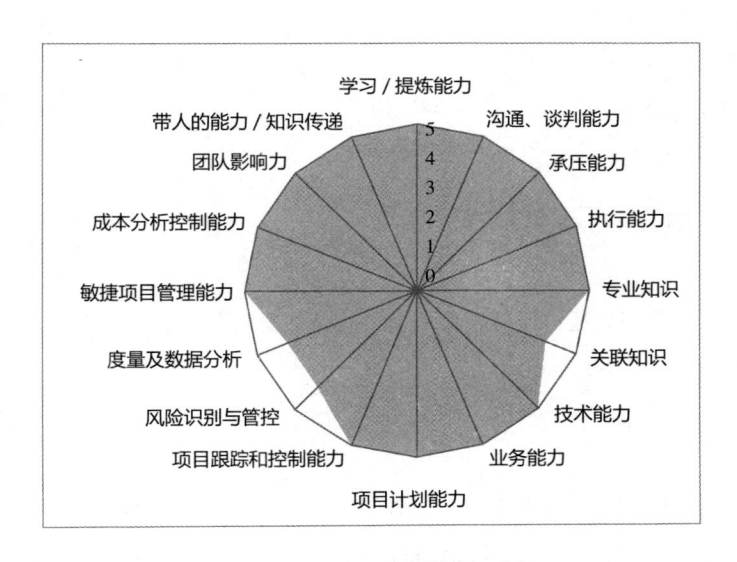

图 11-17　P5(基础等)的雷达图

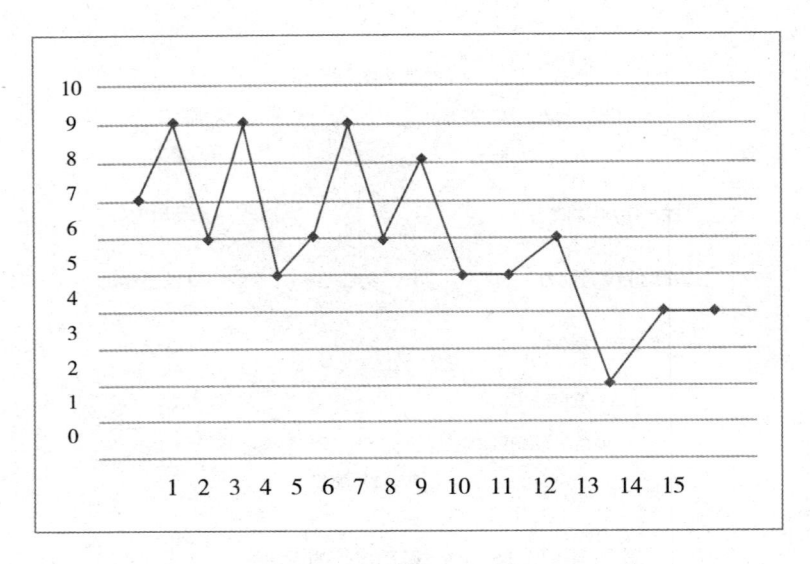

图 11-18 能力点变化总数

腾讯项目通道能力素质模型

腾讯项目通道能力素质模型中的评估要素有四个：素质、知识技能、客户导向、领导力。

1. 素质

（1）学习 / 提炼能力

评估要素 1：有学习愿望，能够在指导或者要求下进行学习。能够通过示范式、教练式学习或者指定的学习资源掌握做好自身岗位工作所需要的知识、技能、工具和信息等。

行为标准：提交参加基础业务培训或自学内容的资料证明、学习体会或用之于工作的证明；完成要求的培训并通过对应的考核。

评估要素2：积极的学习愿望，主动学习，保持专业知识技能的更新；能够自学或主动向他人学习本业务领域内的知识、技能；了解专业领域的最新发展情况并努力在工作中运用，创造符合岗位要求的绩效。

行为标准：列举过往一年中学习掌握的知识、技能及与工作的关系；举证过往一年中使用领域内新技术、方法等在工作中的成果体现。

评估要素3：主动学习本业务领域知识，能够融会贯通，积极共享；积极寻求和创造学习机会，善用学习资源，超越岗位需求，学习自身业务领域以及相关业务领域的知识，具有能够运用所学知识举一反三，能够与团队成员交流和分享相关知识、经验，创造良好绩效。

行为标准：举证过往一年中主动进行业务学习并总结成文的成果；提交过往一年中在知识共享及传播方面开展的活动，如培训、沙龙、论坛等。

评估要素4：超越岗位工作需求，学习本业务及相关业务领域知识，利用团队外的知识提高团队业务知识、技能；能够充当起团体外的知识资源协调者的角色，充分利用起团队外的知识资源提升自身业务知识、技能；通过知识共享帮助团队其他成员提高，能使团队的业务水平居于公司其他团队业务水平之上，并有一定的成果体现。

行为标准：提交过往一年中在提升能力方面进行的学习方式和内容的拓展及成果总结；举证过往一年中在带动团队共同学习方面

所开展的系统性活动及团队负责人对成果的评价。

评估要素5：自度度人，影响团队向学习型团队转变，并成为同行标杆；能够带动团队其他成员主动学习，营造团队学习氛围，使学习成为团队的一种习惯；自身业务领域权威，并通晓一定相关业务领域知识，带动团队的业务水平居于组织相同团队前列，成为标杆。

行为标准：提交在学习型团队培育过程中所采取的措施、开展的活动及取得的成果；举证作为某一业务领域专家所开展的工作及主导完成的标杆团队。

（2）沟通、谈判能力

评估要素1：有主动沟通的意愿，能够完成普通沟通任务；能够主持小型会议（5人内）；能够完成会议纪要、邮件等一般性文书资料。

行为标准：举证过往一年中项目内部的沟通会议的纪要和解决的主要问题以及书写过的文书资料。

评估要素2：能够和项目内成员进行准确沟通，有效传递信息，沟通内容能够准确地理解和被理解；能够主持中型会议（15人内）；书面表达清晰、言简意赅；能够较好地完成项目内的谈判工作，并且能够在项目组内协调工作进展。

行为标准：提交过往一年中主持的项目沟通协调会议纪要及后期的目标达成情况报告。列举过往一年内编写的重要书面文件；提交过去一年中参与谈判和协调解决的项目记录。

评估要素3：能够准确、清晰地表达观点，实现跨部门有效沟通；具备出色的演讲能力；能够主持大型会议（50人以上）；具备扎实的写作功底，所整理书面资料主题突出，条理清晰，有助于辅助得出结论；能够完成跨部门谈判工作，并且能够协调这些项目间的工作进展。

行为标准：提交过往一年中所独立负责的系统内跨部门沟通协调的会议纪要，主要谈判和协调解决的矛盾和冲突，最终的结果报告；提供过去一年中具有良好表达能力的书面资料；总结并提交在主持系统内跨部门过程中使用的方法、技巧及取得的效果等。

评估要素4：掌握并运用有效的沟通原则和技巧，很好地完成跨系统的沟通，善于解决困难问题，善于将复杂的思想以别人非常容易理解的方式表达出来，沟通能力受到相关同事的普遍认可；能够运用有效谈判技巧进行跨系统的谈判工作，协调解决跨系统以及公司内外的问题。

行为标准：提交过往一年中主导的公司级别的跨系统沟通和谈判的成果，并举证其中采取的沟通、谈判策略、执行方法及有效解决的主要矛盾和问题、对目标达成的影响和贡献；提交相关业务部门负责人的评价。

评估要素5：与团队分享有效沟通/谈判和协调的经验和方法，带动团队沟通、谈判和协调能力提升；组织公司级别的沟通、谈判和协调方法分享会议。

行为标准：举证过往沟通协调公司中项目管理事件的总结报告；举证过往在帮助团队提升沟通能力方面所开展的主要活动及取得的成果；举证组织的公司级别的分享会议的结果以及公司主要领导的评价。

（3）**承压能力**

评估要素1：乐观、积极，能够快速融入团队；能够控制情绪，避免不适当的表达。

行为标准：举证在过往一年工作中团队融入、工作创新的例证或直接上级、项目负责人的评价。

评估要素2：能够积极对待支持和反对的声音，接受负面意见，并且能积极主动地解决问题。

行为标准：举证过往一年中听取负面反馈、解决问题达成目标的例证。

评估要素3：乐观面对内部外部挑战及挫折，勇于承担挑战和失败，在逆境中成长；压力情境下，能很好地处理情绪问题，保持良好的工作效率；善于调节个人情绪，采取实际行动有效地缓解压力。

行为标准：举证过往工作中承受困难的经历和经验教训的总结，以及直接上级的评价。

评估要素4：能够正视困难压力，可以在成功中发现不足，在困难压力中寻找机会；面对高压局面，以建设性的方式处理问题，积极寻求问题的解决。

行为标准：举证过往工作中取得的成功及经历的困难压力，总结分享其中的心路历程和经验教训。

评估要素5：能够正视困难压力，可以在成功中发现不足，在困难压力中寻找机会；面对高压局面，以建设性的方式处理问题，积极寻求问题的解决。

行为标准：举证过往工作中取得的成功及经历的困难压力，总结分享其中的心路历程和经验教训。

（4）执行能力

评估要素1：能够严格按要求及预定计划完成所接手的工作任务。

行为标准：列举过往一年中本人负责的至少一个小型项目的项目计划和执行情况及结果。

评估要素2：能够积极接受一定难度的工作任务，并按要求完成；能够准确理解上级所交代的工作，主动思考如何完成任务；能够及时反馈与沟通任务进展情况。

行为标准：提交过去一年中所接受的具备难度的工作，并举证为达到目标所采取的有效办法、最终结果及对应总监的评价。

评估要素3：能够承担有挑战性项目或工作任务，并按要求高质量完成；能够全面分析抓住项目关键因素，建立明晰并富有挑战性目标，并努力达到目标；善于应变以保证工作的执行，并能不断改进，积极寻找办法提高工作成果或工作效率。

行为标准：提交过往一年中所承担的重大或有挑战性的项目的项目计划，并举证为达到目标所做的努力，项目最终结果及对应总监评价；举证过往一年中在提高工作效率或工作质量方面的积极办法，给出效果分析。

评估要素4：勇于承担困难多、难度大的重大挑战性项目，并能够直面问题敢于承担风险和责任；面对项目困难，能够协调各方资源，采取有效办法，推动项目按计划要求前进直到完成最终目标。

行为标准：举证所承担的重大挑战性项目、面对的项目困难，以及为完成挑战性目标所采取的有效措施及最终结果。

评估要素5：能领导团队对突发问题及时采取有效措施，在面对久攻不下的难题或困难时能坚韧不拔，直面挫折；可采取持久的行动，付出不断的努力，并最终能取得成功；能建立并推动战略有序高效的落实与执行。

行为标准：举证过往两年中主导成功完成的公司级重大难题或课题；举证过往两年中解决的影响比较大的突发问题。

2. 知识技能

（1）专业知识

评估要素 1：了解项目管理的基本概念；了解项目管理的九大知识领域及五个管理过程；了解项目管理基本工具和方法；了解常用项目管理工具。

行为标准：列举自己所了解或掌握的项目管理相关知识和工具。

评估要素 2：懂得正确识别项目干系人；懂得通过合理任务分解，资源分配制定有效项目计划；熟悉有效项目估算方法；熟悉项目跟踪和控制方法；熟悉 80/20 原则在项目管理上的灵活运用；熟悉敏捷项目管理，并能灵活运用于工作中；熟悉项目质量管理；熟悉常用项目管理工具及使用方法。

行为标准：提交过往一年中所负责项目的计划、跟踪表及相关过程文档，并说明各项知识的综合运用情况；举证自己所参加过的项目管理培训及相关证明材料。

评估要素 3：熟悉项目数据分析和度量；熟悉风险管理方法；熟悉目标管理方法；熟悉绩效及成本管理；熟悉团队及人员管理；具备项目管理领域专业资质认证。

行为标准：举证过往两年中所负责的成功项目管理，阐述其成功的关键要素及度量分析、风险管理、团队管理等知识在项目过程中综合运用情况并提交总监评价；举证自己所受的项目管理专业培训和资质认证（PMP、IPMP 等级别）。

评估要素 4：精通项目管理体系专业知识，并能根据个人经验和知识提炼出在项目管理上的方法论；具备项目管理培训师能力，能够指导和培养项目经理。

行为标准：结合个人实践阐述对项目管理理论体系的理解以及如何在实际工作中灵活运用；举证过往两年中所开设的项目管理培训课程及所培养的 P2 以上项目经理，并提供相关证明。

评估要素 5：在业界项目管理领域具备较高影响力。

行为标准：举证个人在业界有影响力会议上的发言或重要刊物上发表的文章或所获得的业界重要奖项等。

（2）关联知识

评估要素 1：了解行业内常见的公关危机和应对方法；了解互联网相关法律知识，如合同法、专利法、公司法、税法；了解与业务相关的财务知识，如三大报表、重要的财务指标、业务相关税收等。

行为标准：列举常见公关危机和应对方法；列举了解的法律知识；列举了解的财务知识。

评估要素 2：掌握行业内常见的公关危机和应对方法；掌握互联网相关法律知识，如合同法、专利法、公司法、税法；掌握与业务相关的财务知识，如三大报表、重要的财务指标、业务相关税收等。

行为标准：列举掌握的常见公关危机和应对方法；列举掌握的法律知识；列举掌握的财务知识。

评估要素 3：熟练掌握行业内常见的公关危机和应对方法；熟练掌握互联网相关法律知识，如合同法、专利法、公司法、税法；熟练掌握与业务相关的财务知识，如三大报表、重要的财务指标、业务相关税收等。

行为标准：列举最近一年内项目公关危机的预防和应对工作；举证说明最近一年内参与的项目如何运用法律武器；列举最近一年对于做过的项目财务相关分析。

评估要素 4：拥有丰富的经验，积极预估项目公关危机，及时制定措施解决问题，在危机发生的时候能够做好信息搜集和整理工作，积极沟通协调和推动解决；能够积极运用法律武器保护和增加项目短期及长期利益；能够从财务角度考虑项目的成败。

行为标准：列举最近一年内项目公关危机的预防和应对工作；举证说明最近一年内参与的项目如何利用法律武器保护项目；列举最近一年对于做过的项目财务相关分析。

（3）技术能力

评估要素1：了解本系统所需软件研发、系统运营或其他项目相关知识、技能、工具等。

行为标准：列举所了解的本系统项目相关知识、技能、工具。

评估要素2：熟悉并能运用本系统所需软件研发、系统运营或其他项目相关知识、技能、工具等；具备本系统项目或相关领域实际研发或运营经验。

行为标准：列举自己所熟悉并运用过的工具和技术等；提交自己过去所从事的至少一个项目所用技术描述及自己在项目过程中的成果，并提领导评价；列举并提交自己参加的技术培训课程清单。

评估要素3：清楚所负责项目所用技术风险和成本，并深入理解相关技术在项目上的灵活运用；能够与技术团队就项目技术问题进行无障碍的沟通交流及建议和指导。

行为标准：列举对过去一年中自己所负责的一个项目的关键技术体系描述；举证自己在过去一年中对所负责项目提出的技术建议或方案及采纳结果，并提交相关技术总监评价。

评估要素4：在某一技术领域有比较多的研究实践或具备一定的技术方向把控能力；公司级高级技术人员，能够对项目技术方向给出积极有效的规划、建议和指导。

行为标准：举证在公司某技术领域承担的专业讲师课程；举证自己在某一技术领域具备的专长和造诣；举证自己在公司级重大项目技术决策中的重要作用。

评估要素5：对互联网及软件相关技术领域有比较深入的理解，并能够较好地把握行业的最新技术发展趋势；在某技术领域有比较深的研究。

行为标准：提交自己参加的行业交流或在专业技术刊物上发表的论文。

3. 客户导向

（1）业务能力

评估要素1：了解本系统相关产品形态、业务模式或运营模式。

行为标准：列举所了解的本系统相关产品形态、业务模式或运营模式。

评估要素2：熟悉本系统相关产品形态、业务模式或运营模式；了解行业相关产品形态、业务模式或运营模式。

行为标准：列举所熟悉的本系统相关产品形态、业务模式或运营模式；列举所了解的行业相关产品形态、业务模式或运营模式。

评估要素3：能够提供本系统相关产品形态、业务模式或运营模式的规划和建议；能够和产品经理有效沟通和讨论产品形态、业务模式或运营模式。

行为标准：举证过往两年中在相关产品形态、业务模式或运营模式上的规划或有价值见解，并提交相关总监评价。

评估要素4：对行业产品知识有比较多的研究和实践，能够深入参与产品策划和运营模式的规划与建设。

行为标准：提交过往成功的公司级业务规划或运营模式规划，并描述其对公司长期发展的贡献。

评估要素5：能够通过研究和分析，给出产品发展前瞻性的规划及运营建议，并得到产品团队的认可。

行为标准：提交对未来两年行业发展的预测及研究分析报告。举证过去两年中在自己行业上的有影响和价值的见解或规划。

（2）项目计划能力

评估要素1：了解项目计划制定的步骤和方法；能在指导下进行项目计划制定。

行为标准：列举并提交过往一年项目计划的过程和成果证明。

评估要素2：掌握项目计划制定的步骤和方法；能独立地进行小型项目计划制定；能进行基本合理的任务分解和进度安排。

行为标准：举证过往一年中独立制定的项目计划过程和成果；举证制定计划中如何合理制作工作分解结构（WBS）、工作计划（schedule）和利用资源。

评估要素3：具有丰富的项目计划制定实践经验；能为中型复杂的项目制定有效计划；十分清楚了解项目的关键因素，在现实情况和有限条件下能做好最佳的任务分解和进度安排；能够进行科学分析任务计划，从风险、费用、质量、资源等多角度考虑，高效合理地分配现有资源。

行为标准：提交中型复杂项目的计划；举证过往一年中进行项目计划优化的过程和结果。

评估要素4：能够进行多项目计划，掌握各项目对于部门的战略实施意义，有效达到部门战略目标；能全方位多角度地考虑部门总体资源的分配和利用情况，减少重叠行动的浪费；对计划的实施做出模拟预测，并在计划中对后续的风险提前规避。

行为标准：提交多项目管理的项目计划；举证项目计划中的资源调配和项目计划优化的过程；举证对项目计划预测和风险规避的过程。

评估要素5：能负责公司级战略性项目的计划制定；能够从公司战略角度出发，充分了解各项目意义及需求，综合考虑多方面因素，对计划的制定安排提出独到见解或优化建议。

行为标准：举证负责的公司级战略性项目的计划过程。

（3）项目跟踪和控制能力

评估要素1：了解项目跟踪控制方法；能在指导下，对已制定好的项目计划进行跟踪；在计划执行中参与一些辅助性的工作，协助解决问题。

行为标准：列举并提交过往一年中跟踪控制项目的过程和结果证明。

评估要素2：熟悉并能掌握运用项目跟踪控制方法；根据已有的项目计划的具体要求和任务，可以独立地予以推行并加以实施；在项目进行中能及时发现并反馈问题，并针对变更和突发事件，采取相应纠正措施，保证项目按计划进行；能撰写一般项目状态报告。

行为标准：举证过往一年中独立进行项目跟踪控制的过程；提交项目状态报告。

评估要素3：掌握并熟练运用项目跟踪控制方法，有着丰富的理论和实践经验；能针对计划合理地调配和充分利用现有资源，使之得以高效地推行和实施；能在问题发生前发现主要问题，并提前规避，在问题发生后能准确找到问题根本原因，并迅速解决问题；撰写优秀的项目状态报告，对项目情况给出全面分析、预测。

行为标准：举证过往一年中独立进行跟踪和控制的中型项目的过程；列举项目规划和实施过程中解决的主要问题；提交项目状态报告。

评估要素4：能够进行多项目管理，掌控各项目的实施情况；综合考虑产品、成本、技术等多方面因素，高效地协调和安排各项目工作和进度；能处理解决重大变更和突发事件；能够有效进行风险预判，提前制定规避措施。

行为标准：举证多项目跟踪/控制过程中如何高效协调安排各个项目进度；举证多项目跟踪/控制过程中如何预见项目发展方向，采取何种预防措施，保证项目按计划实施。

评估要素5：成功管控过公司战略性项目；能够从公司战略角度出发，综合考虑内容、成本、质量等多方面因素，高效地协调和安排各项目工作和进度；对问题能采取及时有效的措施，并推动公司战略的落实和执行。

行为标准：举证管控公司级战略性项目的过程；举证实施过程的具体措施、方法及其结果。

（4）风险识别与管控

评估要素1：能够在指导下参与风险识别和分析；能够在指导下参与制定风险规避措施。

行为标准：列举最近一年来项目风险识别和分析工作；列举最近一年内项目风险的规避措施。

评估要素2：在项目的初期能够主动预见项目的风险；能够独立进行风险识别和评估工作；能够制定风险应对计划并执行，对于执行过程中的偏差能够进行持续改进。

行为标准：列举最近一年内预见的项目风险；列举最近一年内

进行项目风险识别和评估工作；列举最近一年内制定的项目风险应对计划及执行情况。

评估要素 3：能够始终把规避项目的风险放在项目管理的重要位置，拥有丰富的风险控制经验；能够对项目风险进行有效识别，并进行定性、定量的分析，制定应对计划；能够通过收集、分析、整理，建立组织的风险知识库。

行为标准：列举最近一年内进行项目风险识别和定性、定量分析工作；列举最近一年内制定的项目风险应对计划及跟踪解决情况；列举收集建立的风险知识库。

评估要素 4：能够制定适合公司的风险管理策略；能够积极分享风险管理的知识经验，传授风险管理知识。

行为标准：列举最近一年内制定的公司级风险管理策略；列举最近一年内进行的风险管理知识分享或开发的相关课程。

(5) 度量及数据分析

评估要素 1：了解度量及数据分析的意义，具备度量的意识；能够在指导下收集数据。

行为标准：列举了解的度量和数据分析知识；列举最近一年来执行的数据收集工作。

评估要素 2：能够根据确认的度量模型收集信息，并有效执行；了解常用的数据分析方法，能够在指导下通过数据分析日常工作中的问题，并提出解决方案；能够将度量模型和数据分析结果记录在案，以供后续工作参考。

行为标准：列举最近一年来度量工作的执行效果；列举最近一年来通过数据分析解决的问题及后续效果；列举最近一年来被其他团队引用的度量模型或数据分析结果。

评估要素4：能够灵活运用度量技术，指导他人制定度量模型；积极运用数据分析方法将复杂问题分解，并找到解决方案；能够持续将度量模型和数据分析结果进行有意义地分享学习。

行为标准：列举最近一年来指导度量工作的执行效果；列举最近一年来通过数据分析解决的问题、方案及后续效果，对于度量模型的修正；列举最近一年来如何分享度量模型或数据分析结果。

评估要素5：能够制定公司级的度量模型；能够运用度量分析没有先例的复杂问题，并找到有效的解决方案；度量模型记录在组织资产库，能够在组织内部充当度量和数据分析的倡导者和传播者。

行为标准：列举最近一年来制定的度量规范，指导度量工作的执行效果；列举最近一年来发现的新问题和解决方案；列举最近一年来如何传播度量模型或数据分析结果。

（6）敏捷项目管理能力

评估要素1：学习和掌握腾讯敏捷产品研发平台（TAPD）基本方法，PM调动全员将工作进度及计划通过平台透明出来；有清晰的迭代节奏和计划；发布后及时组织项目总结，指导下次迭代有效进行。

行为标准：举证当前项目进度及计划透明的输出；迭代计划及项目总结实例。

评估要素2：懂得合理应用常规的项目远景规划方法；同时特性粒度均匀化，所有特性粒度均在合理范围内；调动开发团队兴奋参与，为非开发工作（UI、产品、测试、运营）出力；保证一定频率为单位项目例会/事件触发性的有效沟通机制。

行为标准：举证当前项目体现远景规划的迭代计划；考察特性颗粒度拆分合理性；列举开发团队的非开发贡献（UI建议、需求池、自测缺陷等）及相关数据；举证团队有效沟通的实例。

评估要素 3：主导全员 CE 氛围活跃，调动团队内外热心人高度关注并贡献 Feature（功能点）；主导团队工作在一起，缩短信息传递的周期，高效沟通；短周期小 FDD 形态的迭代节奏，有效控制 Time box Delay（时间盒延迟）；团队响应敏捷，各岗位工作及时响应。

行为标准：举证当前项目迭代周期在合理范围内，不应超过公司对项目周期的要求；列举主导团队及发动团队外热心人 CE 的需求池及相关数据；举证团队有效沟通的实例；举证团队有效响应事件时间，各岗位 work flow（工作流程）运转时耗。

评估要素 4：能够建立起高效的自适应组织形态；能够将敏捷经验复制推广到其他部门，成为公司级敏捷讲师。

行为标准：举证团队高效运转情况说明；举证进行公司级敏捷经验推广事例。

评估要素 5：将 Agile（敏捷）实践体系化、工具化、知识化，成为敏捷项目管理专家。

行为标准：列举实践体系化成果及推广活动。

（7）成本分析控制能力

评估要素 1：了解成本分析的一般知识和自身在项目中的成本投入情况。

行为标准：列举一个项目中对自身投入成本分析的案例。

评估要素 2：能够在 P3 的指导下进行成本分析工作并了解成本分析的一些工具。

行为标准：列举自己编制的项目成本分析的案例，并说出成本分析的一些工具。

评估要素 3：掌握成本分析的工具和方法，并能够有控制成本的措施。

行为标准：列举完成项目的成本分析案例，并说明如何控制成本。

评估要素4：能够熟练运用成本分析工具与流程，有效控制项目成本，并得到认可。

行为标准：列举使用的成本分析工具与分析流程，有效控制项目成功的案例。

评估要素5：能够设计公司的成本分析工具与流程，并得到公司认可。

行为标准：列举设计完成的公司成本分析工具与流程，并列举成功案例。

4. 领导力

（1）团队影响力

评估要素1：初步实现团队内部的人员激励；获得团队内成员的认可。

行为标准：至少两次促成项目成员改进自身工作。

评估要素2：实施个性化管理，建立互相学习的团队氛围，使团队成员认可自己的团队和工作；在团队内具有影响力。

行为标准：举证过去一年内组织两次以上项目活动的实例；列举项目管理中团队激励的实例及效果。

评估要素3：指导团队成员，建立高效团队；在团队中发挥凝聚力；在团队外具有影响力。

行为标准：举证过去一年内组织两次以上跨部门活动的实例。

评估要素4：通过建立愿景，建立创新与合作氛围，激励项目成员的工作热情，有效协调客户方团队的关系；起到标杆作用；获得用户、领导的一致认可，在公司内具有较高知名度。

行为标准：列举公司级项目成功案例；获得公司级项目嘉奖。

评估要素5：具备企业管理能力；在业界具有影响力。

行为标准：举证在公司级重大项目获得的成绩或业界获得的荣誉。

(2) 带人能力/知识传播

评估要素1：能够指导级别较低的同事完成工作任务。

行为标准：列举并提交被辅导人员的任务完成情况或成长证明资料。

评估要素2：能够结合人员的不同特质和经历，采取不同的辅导策略，使新同事快速成长并比较好地完成工作任务，在指导过程中还特别注重传授思维理念和工作技巧；敏捷的实践者。

行为标准：举证在过往一年中辅导的两位员工获得A及以上绩效的实例，并总结过程中使用的方法、技巧及知识传播的经验等。

评估要素3：在工作过程中注意积累和总结，并主动分享给其他同事，使优秀实践和成功经验得以传承和快速复制；敏捷的成功实践者：一是能将Agile-pm（敏捷项目管理）的实践经验提炼，并贡献到公司相关数据库，二是培养1~2名L2级的PM。

行为标准：提交过往一年中培训课件开发和经验总结；举证知识分享取得的成果，重点展示成果的传承和复用。

评估要素4：有培养后备人才的意识，时刻保持对后备人选的识别、指引和关注。主动引导团队其他成员一起进行知识分享，能够营造学习、分享和共同进步的团队氛围；敏捷的传播者，一是能够带领项目达到L3级Agile Project（敏捷项目），二是能担任公司Agile系列课程开发者和授课讲师，三是能培养1~2名PM成为L3级Agile PM。

行为标准：举证在后备培养方面所做的努力和成果，如参加通道建设工作等；举证在营造团队学习分享氛围方面的努力和成果。

评估要素5：有很强的个人魅力和影响力，在知识传递和团队建设方面有丰富的成功实践和理论总结；有影响力的敏捷传道者，一是能培养1~2名PM成为L4级Agile PM，二是能在GM/高级PM层面进行Agile认识分享。

行为标准：举证在知识传播和团队建设方面的理论和实践总结及突出的成绩。

腾讯技术专业族职级评定标准

1. 达标说明

（1）达标

"关键标准项"均符合，且所有"不符合"及"部分符合"的能力标准项个数≤6项。

（2）不达标

不符合上述条件者，为不达标。

2. 能力评估要素（带*为关键能力项）

（1）领导力

① 有效沟通

有效沟通*

1级：掌握基本沟通技巧；能够清楚表达工作内容和个人观点。

2级：能够主持小型会议。

3级：能够规划/管理；能够主持或在大型会议进行主题陈述。

4级：能够通过与高层协调和沟通，获取必要的资源和支持。

② 影响力

• 结果影响*

1级：能够根据明确的标准要求和计划完成工作；能为专业领域工作提供有用信息。

2级：确保工作具有的可维护、可实施性，满足指标要求。

3级：专业工作取得较大成绩；对部门决策起有效的影响。

4级：专业工作取得突出成绩；对目标决策起重要影响；探索专业技术理论，并为其应用到其他领域提供建议。

• 专业方向影响

1级：理解专业技术并运用到工作中。

2级：对专业方向敏感，全面理解专业技术并体现于工作。

3级：直接影响服务/用户满意度、成本、质量等；对专业工作综合效能有影响。

4级：对专业方向决策起直接影响；对专业领域具有分析和实施/组织实施能力。

• 组织氛围影响

1级：对工作认真负责；体现服务、成本意识；积极参加公司活动。

2级：良好的工作作风对团队有很好地影响；推动和参加公司活动。

3级：将良好的服务体现于工作、服务中，并对团队有较好地影响。

4级：同3级。

③ **教练/合作**

• 下属培养

1级：向新员工传授经验/心得。

2级：指导低级别专业人员；必要时承担导师工作。

3级：培养了一批有经验的员工；担任新员工的思想导师。

4级：培养了一批骨干；能够作为兼职内部讲师。

• 团队内合作*

1级：能认真对待工作；参与团队内/间交流；能保密、遵守职业道德。

2级：有效利用协作技巧合作；对收集的信息能够进行分析。

3级：有效利用协作技巧合作；参与外部沟通并收集、利用信息。

4级：在团队中发挥凝聚力；参加专业技术理论研讨。

• 跨团队合作*

1级：在工作中注意协作技巧；可对客户进行服务概要介绍。

2级：在工作中借助集体力量；能够对客户做专业指导。

3级：能详细介绍复杂方案；持续有效与客户进行专业技术及服务交流沟通。

4级：能对专业领域做详细介绍。

（2）业务导向

① **客户导向**

• 关注客户需求*

1级：能够识别谁是自己的客户，包括内部和外部客户。

2级：能够准确识别客户需求。

3级：能够主动收集客户反馈，发现改进机会。

- 实现客户需求

1级：能够对某个客户需求及时作出反应。

2级：能够通过良好的服务为客户留下深刻印象。

3级：能够在问题暴露时就意识到对客户的影响。

4级：能够持续采取措施提高客户服务水平。

- 预见客户需求

1级：在 S2 以上人员指导下，能够区分客户优先级别。

2级：能够持续跟进客户确保问题解决。

3级：能够系统地设计。

4级：能够保证提供的客户服务水平保持最佳。

② 解决问题

- 思考范围

1级：根据明文规定和详细的工作指南做出简单选择和判断。

2级：工作有规律性，有明确方式，有先例可循；在相似的情况下做出判断和选择。

3级：遵循公司指导方针原则，灵活处理问题；在已知的范围内寻求解决办法。

4级：能够制定专业领域指导方针；在多变的情况下，具有分析性、阐明性、评鉴性和/或建设性的思考。

- 在团队中解决问题 *

1级：在一般业务领域中承担一定的作用。

2级：在关键业务领域中承担一定作用和在一般业务任务中承

担较重要的作用。

3级：在关键业务领域中承担重要作用或在一般业务领域中承担骨干或组织领导作用。

4级：在关键业务领域中承担重要作用或在一般业务领域中起组织领导作用或技术顾问作用。

- 独立解决问题

1级：在他人指导下解决业务范围内的专业领域的某一方面问题；独立处理和解决专业领域例行的问题和操作问题。

2级：在他人指导下解决专业领域的某一方面问题和难点；独立处理和解决服务/业务问题和难点。

3级：及时解决专业领域的某一方面问题和难点；独立处理和解决有较大影响的问题和难点。

4级：独立且及时解决较复杂的专业领域问题和难点；独立处理和解决较重大问题。

- 预见避免错误

1级：避免重复犯同样错误。

2级：运用经验发现并避免一些常规专业问题。

3级：运用技巧和经验避免发生较复杂的专业问题。

4级：在较大问题发生前识别并预见其可能性，制定并实施避免问题发生的方案。

③ 业务贡献

- 目标/决策贡献*

1级：理解和支持团队/部门决策；能够根据部门目标要求协调本职工作优先级；根据需求及时调整工作。

2级：同1级。

3级：领导一个小型专业领域某一方面工作；制定并把握团队相关部分工作计划、进度及成本目标；迅速根据需求参与团队／部门目标确定和决策；可参与业务领域内的预算工作。

4级：领导一个中型专业领域的某一方面工作；制定并把握团队相关部分的工作计划、进度及成本目标；迅速根据需求推动团队／部门目标确定和决策；参与业务领域内的预算。

- 文档／流程贡献＊

1级：能有效完成工作文档。

2级：能对流程／规范提出可供参考的改进建议。

3级：注重、推动职能作文档的建设；具有一定评审能力并参与评审；对流程／规范提出有效的改进建议。

4级：有效推动、完成职能范围内的文档工作；负责较高的专业领域方案／计划／业务产出／文档／资料评审；组织／推动技术共享；参与／推动相关流程／规范的改进。

（3）知识深度与广度

① 专业知识深度＊

1级：能够运用本职工作必需的知识（技能、方法、工具和流程）。

2级：能够灵活运用和不断提高本职工作相关的知识（技能、方法、工具和流程）。

3级：在某关键专业有技术特长和较深造诣。

4级：在公司某专业技术学科被视为权威人士。

② 相关知识广度

1级：能够学习和掌握本职工作需要的相关知识（技能、方法、工具和流程）。

2级：同1级。

3级：能够在某一专业识别关键技术点及其潜在价值。

4级：能跨多个专业技术学科识别关键技术点及其潜在价值。能识别业界重要的新出现的技术，领导分析其影响、构成，对在专业领域中应用能提供帮助。

腾讯市场族职级评定标准

1. 达标说明

（1）达标

"关键标准项"均符合，且所有"不符合"及"部分符合"的能力标准项个数 ≤ 6 项。

（2）不达标

不符合上述条件者，为不达标。

2. 能力评估要素（带 * 为关键能力项）

（1）知识

① 产品/运营/市场*

1级：掌握本职位必需的基本知识；能够理解本职位一般专业问题相关的讨论；可进行产品/运营/行业概要知识简介。

2级：掌握全面的产品/运营/市场知识；能够组织和引导本职位专业问题相关的讨论；理解并能灵活应用自己职位范围内的产品/运营/市场知识。

3级：同2级。

4级：对产品/运营/行业知识有深刻的理解。

② 营销知识

1级：掌握基本的营销知识。

2级：能灵活运用本职工作范围内的营销知识解决一般性专业问题；能发现工作中的瓶颈问题并提出合理建议。

3级：掌握全面的营销知识；能灵活运用必要的营销知识独立解决有一定难度的专业问题。

4级：能灵活运用营销知识独立解决复杂的专业问题；能发现工作中的瓶颈问题并采取有效措施改进。

③ 相关专业知识

1级：掌握业务相关的财务和技术相关流程制度；掌握本职位相关基本的财务、技术知识；能描述本职位相关的应用技术和其要求。

2级：掌握并能在工作中熟练应用本职位相关基本的财务、技术知识；参与部门内和跨部门间的业务知识、专业技术的交流；可参与项目的预算工作。

3级：掌握业务相关的技术相关流程制度，并能提出合理的优化建议；在工作中能综合考虑成本、质量、技术可行性、客户满意度的要求。

4级：对多种关键专业技术之于公司业务的作用有建构性的理解；可履行大型项目的预算职责。

（2）技能

① 营销管理

• 渠道管理

1级：了解渠道管理的一般知识，有少量渠道运作方面的经验；能够理解各项渠道政策，能对客户/合作商进行正确的政策宣传；能够正确地执行渠道业务流程，在指导下能为客户/合作商提供合格的渠道服务。

2级：熟悉渠道管理的一般知识，有丰富渠道运作方面的经验；能够理解并掌握各项渠道政策和流程，对客户/代理商进行正确的政策引导，提供合格的渠道服务；能够掌握并利用所辖领域的渠道资源开展业务，在指导下能拓展新的渠道资源。

3级：能独立承担渠道运作；能够发现渠道政策的不足之处，提出合理的优化建议；能够充分利用所辖领域的渠道资源开展业务，能独立拓展新的渠道资源；能够有效处理渠道冲突，为合作伙伴提供有效支持和帮助，促成合作。

4级：能够协助制定各项渠道政策；具备区域/行业渠道管理和规划能力，并能按照渠道规划拓展新的渠道资源；对渠道信息进行深入分析，发现新的机会点。

• 信息平台建设 *

1级：能够掌握有效的收集整理本产品领域客户信息、市场信息、竞争对手信息的基本方法；客户、对手信息基本准确、全面，基本符合市场真实情况；建立有规范、方便查询的信息档案，信息全面、真实；对公司的信息调查要求能及时反馈。

2级：能对信息进行初步分析,能提出具有参考价值的优化建议；宏观环境、客户、对手及产品信息完整、全面，符合市场真实情况；

能够主动有效地收集整理本产品领域信息，建立广泛的信息来源。

3级：对部门信息平台提出建设性意见；能对信息独立进行分析整理，所提供信息符合上级或相关部门的要求，能够提出有效的建议和意见；能够有效跟踪竞争对手。

4级：能够指导和规划信息平台的建设；通过敏锐的洞察力在所负责区域建立了广泛、有效、均衡、可靠的信息渠道；能对信息独立进行分析整理，所提供信息和意见对上级或相关部门的决策有直接、重要的影响。

• 销售计划与支持

1级：理解并遵循整个团队工作计划及成本目标，在指导下制定并执行可行性较强的本职工作计划。

2级：在分配的任务中，理解并遵循整个团队工作计划及利润目标，可独立制定可行性较强的本职工作计划。

3级：能独立制定可行部门/团队工作计划和成本、利润目标，有效安排工作范围内各项事务的处理。

4级：同3级。

② 销售技巧

• 客户公关

1级：在指导下能制定公关计划，并正确实施；掌握基本的沟通技巧，能有效地与客户/合作商进行业务沟通。

2级：能参与制定有效的公关计划，并正确实施；具有较好的公关技巧，能与区域内的客户/合作商建立全面、稳定的市场关系平台。

3级：具备公关规划能力，制定有效的公关计划，并正确实施；具有较好的公关技巧，能与省级合作商高层建立全面、稳定的市场关系平台。

4级：能制定全面、均衡的公关规划，对客户的分析准确，对各种类型的客户都能有针对性的策略，公关策略手段有创新；能通过多种个性化公关手段与合作商的集团公司高层建立全面、长期、稳定的市场关系平台。

• 商务谈判

1级：事先参与谈判策划，作为项目参与人协助进行谈判，掌握基本的谈判技巧。

2级：事先进行谈判策划，有能力作为商务主要参与人进行谈判，掌握多种谈判技巧。

3级：事先进行谈判策划，独立进行一般谈判，掌握多种谈判技巧。

4级：事先进行充分的策划准备，能很好地把握客户的心理，熟练运用各种谈判技巧达到预设的目标；能够负责重大项目的谈判。

• 报告能力

1级：能够在指导下按规范完成报告；能对报告进行准确陈述与说明。

2级：能够制作有针对性的报告，内容正确、观点明确、重点突出、层次清晰；能够编写技术资料、广告文案、软性文章；能够在公司内部会议中或对客户正确、清晰地讲解和表达内容。

3级：能够对所从事的业务领域进行详细介绍，或在大型会议和外部重要客户进行主题陈述，正确、清晰地讲解和表达内容；策划和组织报告、文案、软性文章的编写和审核。

4级：能够制作针对高层或特定客户群的报告，内容完善、观点新颖、重点突出、逻辑清晰；能够对所从事的较复杂的业务领域进行详细介绍，或在大型会议上进行主题陈述，宣讲具有较强的引导性、感染力和说服力。

③ 客户服务

• 需求理解和实现 *

1级：能够把握客户需求，及时作出正确反应；在M2以上人员指导下，能够区别客户优先级别。

2级：能够准确识别客户需求；能够主动收集客户反馈，发现改进机会；能够在问题露出苗头之初就意识到对客户的影响；能够系统地设计产品服务方案。

3级：能够主动收集客户反馈，发现改进机会；能够在问题露出苗头之初就意识到对客户的影响；能够系统地设计产品服务方案。

4级：能够主动收集客户反馈，发现改进机会；能够持续采取措施提高客户服务水平；能够保证提供的客户服务水平保持最佳。

• 预见与解决问题

1级：能够在指导下解决一般的问题；能够对相关问题进行清楚的记录并及时通知相关人员。

2级：能够在高级别人员的指导下解决有一定复杂程度的问题，发现和避免一些常规问题；能够及时处理问题，对相关问题进行清楚的描述、正确的判断和处理，必要时及时通知相关人员。

3级：能识别、预见大范围或复杂程度较高的问题；能够系统分析产品/服务/运营情况，提出全局性预防措施以解决潜在问题；能够有效提高本部门/本产品的综合服务效能。

4级：能对突发事件下的客户关系进行有效处理，采用一切办法减少客户需求与公司利益之间的矛盾。

（3）方法论

① 内部标杆的提炼和共享

1级：对工作过程及结果及时进行分析，总结经验教训；可向新员工传授工作经验和心得。

2级：可参与大的专业问题的讨论；对低级别营销人员进行例行专业指导；向新员工传授工作经验，需要时可以承担导师的工作。

3级：有效组织、推动本部门内或跨部门间相关专业技术、专业技能的交流和研讨，并形成独特、系统的方法；指导帮助低级别营销人员提高基本技能，在实践中培养了一批在工作过程中有较好绩效的有经验者；承担新员工导师的工作；可作为兼职内部讲师。

4级：在业务领域中起组织领导作用或专业顾问作用；有能力借助已有的业务知识和技能，加以扩展和改进以适应新的情况；在实践中培养了一批在工作过程中有较突出绩效的骨干。

② 外部标杆的引入和移植

1级：无。

2级：无。

3级：与公司外各类机构进行交流、沟通、研讨，有效收集跨行业标杆信息，并对信息进行有效分析和利用，提高公司综合竞争力及可持续发展能力。

4级：可规律性地利用相关行业或多个学科的成功案例，并创新性地整合它们；掌握行业发展趋势，并理解市场环境、技术变化将带来的影响。

（4）解决方案

① 规划能力*

1级：具备产品/行业/市场规划方面的一般知识；在指导下，

能协助完成局部市场或特定项目的规划工作；能基本分析出本行业市场的主要机会、问题点。

2级：在协助下，能完成局部市场或特定项目的规划工作，规划有针对性、可操作、可评估；能准确、全面进行市场潜力及需求分析、竞争分析。

3级：能负责完成某一局部市场或特定项目的规划工作，规划有较强的针对性、可操作、可评估。能参与特定项目营销策略的制定；能准确地抓住市场的机会问题点，对问题有一定的预见性，并有相应的防范措施。

4级：能独立完成产品/行业/市场整体规划工作，规划目标具有挑战性、牵引性、前瞻性；能完成产品/行业/市场营销策略的制定，市场策略有一定的创新；能够准确地分析预测出市场的发展潜力、市场格局及发展趋势、竞争对手的策略手段。

② 内外资源（调配）*

1级：虚心听取多方面意见，很好地配合他人的工作。

2级：在工作中合理应用协作技巧和借助集体力量；能够协调项目组内部的分工协作；能够有效寻求和整合外界资源。

3级：能够合理配置人员，协调内部分工。

4级：能够通过与各部门和高层的有效沟通，获得必要的资源和支持；能够合理配置不同项目和部门间的资源，协调内部分工协作。

③ 项目/活动的组织实施*

1级：在指导下，能策划并实施难度较低的小型项目/活动，对于具体运作有初步的经验；能够严格按照规划实施活动，并及时反馈问题和信息。

2级：在有限的指导下，能组织实施一般难度的策划项目/活动，对于具体运作有丰富的经验；能够按照总体计划制定阶段性计划及监控点，并按监控点检查和修正项目进展；项目中能够判断问题的重要程度并解决一般难度的问题。

3级：能够独立负责中型活动的实施和运作；有能力亲自解决中型项目/活动中的大部分问题；能够灵活实施活动，在活动过程中充分预见可能出现的问题，并提前确定相应的防范应变方案措施。

4级：能组织实施复杂的大型策划活动，对于具体运作有丰富的经验；能准确分析出影响项目成败的关键问题、机会点，思路清晰，逻辑性强；能预见和解决项目运作中出现的重大问题。

第 12 章
CHAPTER 12
腾讯员工职业发展规划书

处在人才竞争激烈的时代,职业发展规划开始成为竞争中的一个重要利器。对每个人而言,职业生命是有限的,如果不进行有效的规划,势必会造成生命和时间的浪费。作为腾讯的一员,如果总是只做好手头工作,而不去对自己未来的发展进行规划,那么,这样的员工长时间下去,能力、素质、效率等各方面就会跟不上腾讯的发展步伐,就会被淘汰。因此,腾讯会要求员工填写自己的职业发展规划书,对自己的未来发展进行规划。有了目标,才会有动力,才会更努力地工作,为腾讯做出更大的贡献。

腾讯基层干部职业领导力发展规划书

腾讯公司基层管理干部职业 & 领导力发展规划书

（ 年 月— 年 月）

一、下阶段职业 & 领导力发展目标：

表1 下阶段职业 & 领导力发展目标

目前定位	职业发展通道：____ 职位：____ 职级：____ 子等：
发展目标	职业发展通道：____ 职位：____ 职级：____ 子等：
管理岗位	系统：_____ 部门：_____ 组别：_____ 职位：

二、个人专业能力分析

基于上期的绩效考核成绩和职业发展目标，本人在半年内急需提升的两项能力。（注：以下均为示例）

表2 个人专业能力分析

能力项		现状及期望达到的目标
1	有效沟通	现状：缺乏会议支持方面的技巧和经验，不习惯会议形式来推动绩效管理工作，更多局限在点对点的沟通，影响绩效管理推动的力度和效果。
		期望目标：熟练掌握会议主持的方法和技巧，并有效应用在绩效管理工作的推动上。

续表

能力项		现状及期望达到的目标
2	专业知识深度	现状：对 BSC 相关理论、方法缺乏认识，在公司绩效管理上的应用不熟悉。 期望目标：熟练掌握 BSC 方法与技巧，并能向各 BU 的 HR 进行培训。

三、个人领导力分析

基于上期领导力 360 度评估结果，本人在半年内急需改善（弱项）或持续加强（强项）的两到三项能力。（注：以下均为示例）

表3　个人领导力分析

能力项		现状及期望达到的目标
1	人才培养	现状：与下属的沟通不足，制定个人 KPI 时对下级的指导不足，对下属的工作安排与分配未适当授权。 期望目标：个人 KPI 点对点沟通，使团队每个人清楚自己所做的工作对团队/部门的价值与意义。
2	流程管理	现状：对流程的制定及监控不力，流程的设立只是形式。 期望目标：及时固化高效运作的流程，例外的案例仔细研究，并不断把例外管理规范化。
3	团队领导	现状：团队凝聚力强，上下一条心，士气高涨。 期望目标：进一步巩固团队内的士气与凝聚力，加强与下属的沟通，并共享愿景。在制定团队目标时，兼顾工作业务发展与团队人才培养，使得业务发展的同时，团队成员的能力同步得到提升。

四、个人职业＆领导力发展规划

个人职业＆领导力发展规则包含提升职业发展与领导力发展两个方面能力拟采取的策略及行动计划。

表 4 个人职业 & 领导力发展规则

策略	行动计划	实施时间	落实所需相关部门 / 人的支持
工作实践			
知识学习			
导师辅导			
轮岗锻炼			
其他方式			

注意：行动计划包含基层管理干部在职业发展与领导力发展两个方面的策略及行动计划。

基层管理干部签名：　　　　上级签名：　　　　日期：

腾讯市场族职业发展规划书

腾讯公司（市场族）员工职业发展规划书

表 1 员工基本情况表

基本信息	部门：　　姓名：　　发展规划时间：　年 月— 月
目前定位	职业发展通道：　　职位：　　职级：　　子等：
发展目标	[□巩固现级别　□向上级别发展　□跨通道发展] 职业发展通道：　　职位：　　职级：　　子等：

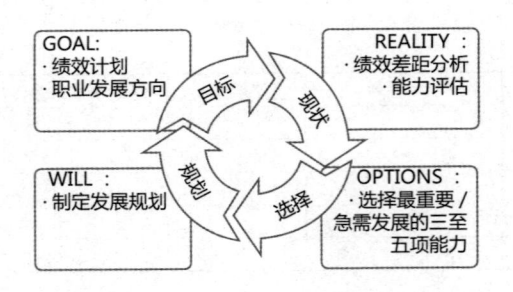

```
        GOAL：              REALITY：
      ·绩效计划            ·绩效差距分析
      ·职业发展方向         ·能力评估

        WILL：              OPTIONS：
      ·制定发展规划         ·选择最重要/
                           急需发展的三至
                           五项能力
```

图 1　绩效发展面谈 GROW 模型

职业发展规划 / 执行 / 评估总流程

- 规划：制定职业发展规划（二月 / 八月完成）。

PDI：主管和员工共同制定员工个人职业发展规划。

面谈结束后，于表 2 签名，以示个人规划阶段完成。

CDM：根据公司现有资源，整合所有员工发展规划，形成公司 / 通道 / 部门整体员工发展规划，员工依次执行。

- 执行：规划执行跟踪（三月至八月 / 九月至二月完成）。

员工记录每一项发展规划执行情况和具体实施时间。

员工对每一项发展规划实施效果做简单评估。

- 评估：年中 / 年底效果评估（八月 / 二月完成）。

主管和员工在下次 PDI 评估半年发展规划执行效果。

于表 2 签名，以示年中 / 年底效果总体评估阶段完成。

表 2　评估情况签名表

	员工签名	日期	主管签名	日期
职业发展规划（三月 / 八月）				
年中 / 年底评估（九月 / 二月）				

表3 员工能力评估／绩效分析表

一、能力评估部分（根据目标职业等级的能力标准，评估每个要素的达标情况，选出接下来半年最重要／急需提升的三项能力）				
能力评估要素			能力评估	勾出最重要／急需提升的三项能力
知识		产品／运营／市场知识	□不符合□部分符合□符合□完全符合	
		营销知识	□不符合□部分符合□符合□完全符合	
		相关专业知识	□不符合□部分符合□符合□完全符合	
技能	营销管理	渠道管理	□不符合□部分符合□符合□完全符合	
		信息平台建设	□不符合□部分符合□符合□完全符合	
		销售计划与支持	□不符合□部分符合□符合□完全符合	
	销售技巧	客户公关	□不符合□部分符合□符合□完全符合	
		商务谈判	□不符合□部分符合□符合□完全符合	
		报告能力	□不符合□部分符合□符合□完全符合	
	客户服务	需求理解与实现	□不符合□部分符合□符合□完全符合	
		预见与解决问题	□不符合□部分符合□符合□完全符合	
方法论		内部标杆提炼／共享	□不符合□部分符合□符合□完全符合	
		外部标杆引入／移植	□不符合□部分符合□符合□完全符合	
解决方案		规划能力	□不符合□部分符合□符合□完全符合	
		内外资源整合／调配	□不符合□部分符合□符合□完全符合	
		项目／活动组织实施	□不符合□部分符合□符合□完全符合	

续表

二、绩效分析部分（分析半年考核结果，找出最重要且最急需改进的三项绩效差距，填写在下面空格内）
1.
2.
3.

表4 员工职业发展规划表

（一）规划：制定职业发展规划（主管和员工根据最重要/急需提升的三项能力和三项绩效差距，共同制定具体提升措施）		
提升措施	预计实施时间	落实所需相关部门/人的支持
☆类型　　　具体措施		
（二）执行：规划执行跟踪（员工对每项措施具体实施情况、时间进行记录，并简单评估效果）		
具体实施情况记录	实施时间	相关交付文档　　　效果评估
（三）评估：年中/年底效果评估		
员工自评		主管评价

备注：提升措施"类型"请填写：培训、自学、标杆学习、特

殊项目、轮岗、实习、展示或会议发言、列席高级会议、教练/指导、对外交流、其他等内容。

附件一：市场族员工能力模型关键识别点

评估要素包括 11 个方面：产品/运营/市场；营销知识；相关专业知识；营销管理；销售技巧；客户服务；方案规划能力；内外资源调配；项目/活动组织实施；内部标杆的提炼和共享；外部标杆的引入和移植。

一、产品/运营/市场

初做者：掌握本职位必需的基本知识；能够理解本职位一般专业问题相关的讨论；可进行产品/运营/行业概要知识简介。

有经验者：掌握全面的产品/运营/市场知识；能够组织和引导本职位专业问题相关讨论；理解并能灵活应用自己职位范围内的产品/运营/市场知识。

骨干：同有经验者。

专家：对产品/运营/行业知识有深刻的理解。

资深专家：能引导别人关注产品/运营/行业发展趋势和价值点。

二、营销知识

初做者：掌握基本的营销知识。

有经验者：能灵活运用本职工作范围内的营销知识解决一般性专业问题；能发现工作中的瓶颈问题并提出合理建议。

骨干：掌握全面的营销知识；能灵活运用必要的营销知识独立解决有一定难度的专业问题。

专家：能灵活运用营销知识独立解决复杂的专业问题；能发现

工作中瓶颈问题并采取有效措施改进。

资深专家：能灵活运用营销知识解决复杂的专业问题或跨领域的问题，对公司战略有指导意义。

三、相关专业知识

初做者：掌握业务相关的财务和技术相关流程制度；掌握本职位相关基本的财务、技术知识；能描述本职位相关的应用技术和其要求。

有经验者：掌握并能在工作中熟练应用本职位相关基本的财务、技术知识；参与部门内和跨部门间的业务知识、专业技术的交流；可参与项目的预算工作。

骨干：掌握业务相关的财务和技术相关流程制度，并能提出合理的优化建议；在工作中能综合考虑成本、质量、技术可行性、客户满意度的要求；参与项目预算工作。

专家：对多种关键专业技术之于公司业务的作用有建构性的理解；可履行大型项目的预算职责。

资深专家：积极致力于从专业角度打通连接公司不同业务的目标，提供并推广相关跨领域知识。

四、营销管理

（一）渠道管理

初做者：了解渠道管理的一般知识，有少量渠道运作方面的经验；能够理解各项渠道政策，能对客户/合作商进行正确的政策宣传；能够正确地执行渠道业务流程，在指导下能为客户/合作商提供合格的渠道服务。

有经验者：熟悉渠道管理的一般知识，有丰富渠道运作方面的经验；能够理解并掌握各项渠道政策和流程，对客户/代理商进行正确的政策引导，提供合格的渠道服务；能掌握并利用所辖领域的渠道资源开展业务，在指导下能拓展新的渠道资源。

骨干：能独立承担渠道运作；能够发现渠道政策的不足之处，提出合理的优化建议；能够充分利用所辖领域的渠道资源开展业务，能独立拓展新的渠道资源；能够有效处理渠道冲突，为合作伙伴提供有效支持和帮助，促成合作。

专家：能够协助制定各项渠道政策；具备区域/行业渠道管理和规划能力，并能按照渠道规划拓展新的渠道资源；对渠道信息进行深入分析，发现新的机会点。

资深专家：能够制定各项渠道政策；具备区域/行业整体渠道管理和规划能力，并能按照渠道规划拓展新的渠道资源。

（二）信息平台建设

初做者：能够掌握有效的收集整理本产品领域客户信息、市场信息、竞争对手信息的基本方法；客户、对手信息基本准确、全面，基本符合市场真实情况；建立有规范、方便查询信息档案，信息全面、真实；对公司的信息调查要求能及时反馈。

有经验者：能对信息进行初步的分析，能提出具有参考价值优化建议；宏观环境、客户、对手及产品信息完整、全面，符合市场真实情况；能够主动有效地收集整理本产品领域信息，建立广泛的信息来源。

骨干：能对部门信息平台的建设提出建设性意见；能对信息独立进行分析整理，所提供信息符合上级或相关部门的要求，能够提出有效的建议和意见；能够有效跟踪竞争对手。

专家：能够指导和规划信息平台的建设；通过敏锐的洞察力在所负责区域建立了广泛、有效、均衡、可靠的信息渠道；能对信息独立进行分析整理，所提供信息和意见对上级或相关部门的决策有直接、重要影响。

资深专家：能够运用合理的方法对信息进行分析、判断和筛选，所提供信息和意见对公司技术、产品、质量和服务方面的决策有重要的影响。

（三）销售计划与支持

初做者：理解并遵循整个团队工作计划及成本目标，在指导下制定并执行可行性较强的本职工作计划。

有经验者：在分配的任务中，理解并遵循整个团队工作计划及利润目标，可独立制定可行性较强的本职工作计划。

骨干：能独立制定可行性较强的部门/团队工作计划和成本、利润目标，有效安排工作范围内各项事务的处理顺序。

专家：同骨干。

资深专家：能制定本业务领域的销售目标和计划，目标及计划的可操作性较强。

五、销售技巧

（一）客户公关

初做者：在指导下能制定公关计划，并正确实施；掌握基本的沟通技巧，能有效地与客户/合作商进行业务沟通。

有经验者：能参与制定有效的公关计划，并正确实施；具有较好的公关技巧，能与区域内的客户/合作商建立全面、稳定的市场关系平台。

骨干：具备公关规划技能，能独立制定有效的公关计划，并正确实施；具有较好的公关技巧，能与省级合作商高层建立全面、稳定的市场关系平台。

专家：能制定全面、均衡的公关规划，对客户的分析准确，对各种类型的客户都能有针对性的策略，公关策略手段有创新；能通过多种个性化公关手段与合作商的集团公司高层建立全面、长期、稳定的市场关系平台。

资深专家：能制定全面、均衡的公关规划，综合考虑周边公共关系的建立以及市场的长远发展和市场培育；能通过多种个性化公关手段与国家相关部门高层建立全面、长期、稳定的市场关系平台，影响行业政策。

（二）商务谈判

初做者：事先参与谈判策划，作为项目参与人协助进行谈判，掌握基本的谈判技巧。

有经验者：事先进行谈判策划，有能力作为商务主要参与人进行谈判，掌握多种谈判技巧。

骨干：事先进行谈判策划，有能力独立进行一般谈判，掌握多种谈判技巧。

专家：事先进行充分的策划准备，能很好地把握客户的心理，熟练运用各种谈判技巧达到预设的目标；能够负责重大项目的谈判。

资深专家：经常培训与指导相关人员的此项技巧。

（三）报告能力

初做者：能够在指导下按规范完成报告；能对报告进行准确陈述与说明。

有经验者：能够制作有针对性的报告，内容正确、观点明确、重点突出、层次清晰；能够编写技术资料、广告文案、软性文章；能够在公司内部会议中或对客户正确、清晰地讲解和表达内容。

骨干：能够对所从事的较复杂的业务领域进行详细介绍，或在大型会议和外部重要客户进行主题陈述，正确、清晰地讲解和表达内容；策划和组织报告、文案、软性文章的编写和审核。

专家：能够制作针对高层或特定客户群的报告，内容完善、观点新颖、重点突出、逻辑清晰；能够对所从事的较复杂的业务领域进行详细介绍，或在大型会议上进行主题陈述，宣讲具有较强的引导性、感染力和说服力。

资深专家：同专家。

六、客户服务

（一）需求理解和实现

初做者：能够把握客户需求，及时作出正确反应；在 M2 以上人员的指导下，能够区别客户优先级别。

有经验者：能够准确识别客户需求；能够主动收集客户反馈，发现改进机会；能够在问题露出苗头之初就意识到对客户的影响；能够系统地设计产品服务方案。

骨干：能够主动收集客户反馈，发现改进机会；能够在问题露出苗头之初就意识到对客户的影响；能够系统地设计产品服务方案。

专家：能够主动收集客户反馈，发现改进机会；能够持续采取措施提高客户服务水平；能够保证提供的客户服务水平保持最佳。

资深专家：同专家。

（二）预见和解决问题

初做者：能够在指导下，解决一般的问题；能够对相关问题进行清楚的记录并及时通知相关人员。

有经验者：在高级别人员的指导下，解决有一定复杂程度的问题，发现和避免一些常规问题；能够及时处理问题，对相关问题进行清楚的描述、正确的判断和处理，必要时及时通知相关人员。

骨干：能识别、预见并解决较大范围或复杂程度较高的问题；能够系统分析产品／服务／运营情况，提出全局性预防措施以解决潜在问题；能够有效提高本部门／本产品的综合服务效能。

专家：能对突发事件下的客户关系进行有效处理，采用一切办法减少客户需求与公司利益之间的矛盾。

资深专家：能够确保本部门／本产品的综合服务效能不断得到提高。

七、方案规划能力

初做者：具备产品／行业／市场规划方面的一般知识；在指导下，能协助完成局部市场或特定项目的规划工作；能基本分析出本行业市场的主要机会、问题点。

有经验者：在协助下，能完成局部市场或特定项目的规划工作，规划有针对性，可操作，可评估；能准确、全面地进行市场潜力及需求分析、竞争分析。

骨干：能负责完成某一产品／局部市场或特定项目的规划工作，规划有较强的针对性，可操作，可评估；能参与特定项目营销策略的制定；能准确地抓住市场的机会问题点，对问题有一定的预见性，并有相应的防范措施。

专家：能独立完成产品／行业／市场整体规划工作，规划目标具有挑战性、牵引性、前瞻性；能完成产品／行业／市场营销策略的制定，市场策略有一定创新；能够准确地分析预测出市场的发展潜力、市场格局及发展趋势、竞争对手的策略手段。

资深专家：能够准确制定出产品／行业／市场中长期的战略及规划，规划内容具有前瞻性、指导性、创新性、实用性；能完成中长期市场需求分析，并能推动一年以上的产品研发规划。

八、内外资源调配

初做者：虚心听取多方面意见，很好地配合他人工作。

有经验者：工作中合理应用协作技巧借助集体力量；能够协调项目组内部的分工协作；能够有效寻求和整合外界资源。

骨干：能够合理配置项目组成员，协调内部分工。

专家：能够通过与各部门和高层的有效沟通，获得必要的资源和支持；能够合理配置不同项目和部门间的资源，协调内部分工协作。

资深专家：能够整合和影响行业资源。

九、项目／活动组织实施

初做者：在指导下，能策划并实施难度较低的小型项目／活动，对于具体运作有初步的经验；能够严格按照规划实施活动，并及时反馈问题和信息。

有经验者：在有限的指导下能组织实施一般难度的策划项目／活动，对于具体运作有丰富经验；能按照总体计划制定阶段性计划及监控点，并按监控点检查和修正项目进展；能够判断问题重要程度并解决一般问题。

骨干：能够独立负责中型项目／活动的实施和运作；有能力亲自

解决中型项目/活动中大部分问题；能够灵活实施活动，在活动过程中充分预见可能出现的问题，并提前确定相应的防范应变方案措施。

专家：能组织实施复杂的大型策划活动，对于具体运作有丰富的经验；能准确分析出影响项目成败的关键问题、机会点，思路清晰，逻辑性强；能预见和解决项目运作中出现的重大问题。

资深专家：同专家。

十、内部标杆的提炼和共享

初做者：对工作过程及结果及时进行分析，总结经验教训；可向新员工传授工作经验和心得。

有经验者：可参与大的专业问题的讨论；能对低级别营销人员进行例行专业指导；向新员工传授工作经验，需要时可以承担导师的工作。

骨干：能有效组织、推动或积极参加部门内或跨部门间相关专业技术、专业技能的交流和研讨，并形成独特、系统的方法；能指导帮助低级别营销人员提高基本技能，在实践中培养了一批在工作过程中有较好绩效的有经验者；能承担新员工导师，可做兼职内部讲师。

专家：在业务领域中起组织领导作用或专业顾问作用；有能力借助已有的业务知识和技能，加以扩展和改进以适应新的情况；在实践中培养了一批在工作过程中有较突出绩效的骨干。

资深专家：在实践中培养了一批在工作过程中绩效突出的专业中坚和专业专家。

十一、外部标杆的引入和移植

初做者：无。

有经验者：无。

骨干：在实践中培养了一批在工作过程中绩效突出的专业中坚和专业专家。

专家：可规律性地利用相关行业或多个学科的成功案例，并创新地整合它们；掌握行业发展趋势，并理解市场环境、技术变化将带来的影响。

资深专家：推动研究和验证新的营销模式在公司应用；分析复杂的或新的市场或环境形势，预见潜在的问题和趋势，评估机会、可能影响及风险。

附件二：腾讯公司（市场族）员工职业发展方式参考

【使用说明】：

1. 职业发展规划的目的是提升员工能力，因此发展方式包括但不仅限于以下各种方式。

2. 主管与员工根据个人实际情况，参考以下发展方式，灵活制定适合自己本阶段发展的方式。

3. 员工个性化的发展方式要落实到员工个人的具体行为上，要充分体现应知、应会、应做、常做和做得好的原则。

4. 涉及使用公司资源的个人发展方式，还需要部门和公司根据实际的资源／预算，统筹规划，整体实施。只涉及 TEAM 和员工本人的发展方式，一旦批准可自行开展。

5. 发展规划制定后，在整个发展规划期间，员工根据实际执行情况记录下每一项发展活动实施情况，这些记录将作为员工将来职级晋升评审的重要依据。

表1 员工职业发展方式参考表

能力	评估要素	发展方式		
		培训	实践	
			类型	说明
知识	产品/运营/市场知识；营销知识；相关知识	《产品管理基本知识》《产品与销售全过程管理》（仅限职业目标在3级以上者选择）《市场营销研究与消费者行为分析》《市场营销策略制定的流程与方法》《品牌营销与创新》	自学	阅读相关专业书籍
			理论学习	系统学习相关专业理论知识与方法论；获取相关专业领域内的权威资格认证
			对外交流	参加专业外部会议或培训等交流活动，拓宽视野
技能	营销管理	《高绩效销售团队建设》（仅限职业目标在3级以上者选择）《销售渠道建设与管理》	写文档	撰写营销管理方面的制度/流程/手册/表格等文档
			特殊项目	参加或领导渠道管理相关项目，提升渠道管理能力
			标杆学习	通过观察/揣摩/讨教/实践跟随等方式，向公司/部门内这方面做得比较出色的同事学习
			列席高阶会议	参加高阶会议，培养具备更高层次对话能力
	销售技巧	销售沟通与商务谈判技巧；商务公关与危机处理；简报表达技巧	展示/会议发言	对内/外部客户的正式交流中，做展示或介绍发言
			特殊项目	参与或领导相关客户公关或商务谈判项目
			列席高阶会议	参加高阶会议，培养具备更高层次对话能力
			标杆学习	通过观察/揣摩/讨教/实践/跟随等方式，向公司/部门内这方面做得比较出色的同事学习
	客户服务	全面客户服务管理	自学	阅读相关方面书籍
			轮岗/实习	通过相关岗位轮换、实习，提升换位思考能力
			标杆学习	通过观察/揣摩/讨教/实践/跟随等方式，向公司/部门内这方面做得比较出色的同事学习

续表

能力	评估要素	发展方式		
		培训	实践	
			类型	说明
解决方案	方案规划能力；内外资源调配；项目/活动组织	《企业竞争战略与策略联盟实务》(仅限职业目标在3级以上者选择) 《项目管理基础班》 《项目管理实操班》(仅限职业目标在3级以上者选择) 《问题分析与解决》 《品牌运作与整合营销传播》(仅限职业目标在3级以上者选择)	特殊项目	参与或领导相关客户整体解决方案提供的项目
			轮岗/实习	整体解决方案提供的相关岗位轮换或实习，了解各环节
			标杆学习	通过观察/揣摩/讨教/实践/跟踵等方式，向公司/部门内这方面做得比较出色的同事学习
			列席高阶会议	参加高阶会议，提高看问题的高度和全局性
方法论	内部标杆提炼/共享	《教练技术》(仅限职业目标在3级以上者选择) 《带领员工解决问题》(仅限职业目标在3级以上者选择) 《信息收集与文档管理》	写文档	撰写个人工作经验总结等相关文档
			教练/指导	担任新员工或低级别员工导师，至少培养一名低级别员工成长；开发课程，承担公司或部门内授课任务
			特殊小组/委员会	参与公司或部门职业发展委员会通道分会或其他专项小组工作
			轮岗/实习	相关岗位轮换与实习，提升换位思考能力
	外部标杆引入/移植	《标杆研究法》(仅限职业目标在3级以上者选择) 《新产品的创意激发》	对外交流	参加相关行业会议或培训等交流活动，开阔视野
			特殊小组/委员会	参与公司或部门职业发展委员会通道分会或特殊小组工作
			自学	阅读相关书籍
			轮岗/实习	相关岗位轮换与实习，提升换位思考能力

腾讯技术和专业族职业发展规划书

腾讯公司(技术/专业族)员工职业发展规划书

表1 员工基本情况表

基本信息	部门: 姓名: 发展规划时间: 年 月— 月
目前定位	职业发展通道: 职位: 职级: 子等:
发展目标	[□巩固现级别 □向上级别发展 □跨通道发展] 职业发展通道: 职位: 职级: 子等:

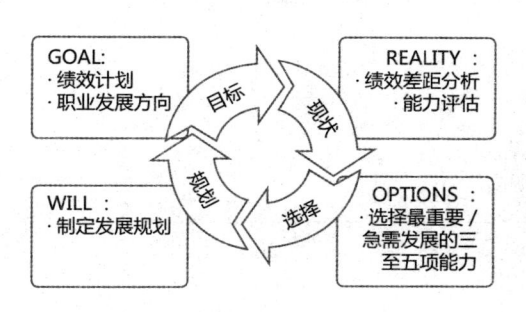

图1 绩效发展面谈 GROW 模型

职业发展规划 / 执行 / 评估总流程

- 规划：制定职业发展规划（二月 / 八月完成）。

PDI：主管和员工共同制定员工个人职业发展规划。

面谈结束后，于表 2 签名，以示个人规划阶段完成。

CDM：根据公司现有资源，整合所有员工发展规划，形成公司 / 通道 / 部门整体员工发展规划，员工依次执行。

- 执行：规划执行跟踪（三月至八月 / 九月至二月完成）。

员工记录每一项发展规划执行情况和具体实施时间。

员工对每一项发展规划实施效果做简单评估。

- 评估：年中 / 年底效果评估（八月 / 二月完成）。

主管和员工在下次 PDI 评估半年发展规划执行效果。

于表 2 签名，以示年中 / 年底效果总体评估阶段完成。

表 2　评估情况签名表

	员工签名	日期	主管签名	日期
职业发展规划(三月/八月)				
年中/年底评估(九月/二月)				

表3 员工能力评估/绩效分析表

一、能力评估部分（根据目标职业等级的能力标准，评估每个要素的达标情况，选出接下来半年最重要/急需提升的三项能力）

能力评估要素		能力评估	勾出最重要/急需提升的三项能力
知识	产品/运营/市场知识	□不符合 □部分符合 □符合 □完全符合	
	营销知识	□不符合 □部分符合 □符合 □完全符合	
	相关专业知识	□不符合 □部分符合 □符合 □完全符合	
技能	营销管理	渠道管理	□不符合 □部分符合 □符合 □完全符合	
	销售技巧	信息平台建设	□不符合 □部分符合 □符合 □完全符合	
	客户服务	销售计划与支持	□不符合 □部分符合 □符合 □完全符合	
方法论	内部标杆提炼/共享	□不符合 □部分符合 □符合 □完全符合	
	外部标杆引入/移植	□不符合 □部分符合 □符合 □完全符合	
解决方案	规划能力	□不符合 □部分符合 □符合 □完全符合	
	内外资源整合/调配	□不符合 □部分符合 □符合 □完全符合	
	项目/活动组织实施	□不符合 □部分符合 □符合 □完全符合	

二、绩效分析部分（分析半年考核结果，找出最重要且最急需改进的三项绩效差距，填写在下面的空格内）

1.

2.

3.

表 4　员工职业发展规划表

（一）规划：制定职业发展规划（主管和员工根据最重要/急需提升的三项能力和三项绩效差距，共同制定具体提升措施）			
提升措施		预计实施时间	落实所需相关部门/人的支持
☆类型	具体措施		

（二）执行：规划执行跟踪（员工对每项措施具体实施情况、时间进行记录，并简单评估效果）			
具体实施情况记录	实施时间	相关交付文档	效果评估

（三）评估：年中/年底效果评估	
员工自评	主管评价

备注：提升措施"类型"请填写：培训、自学、标杆学习、特殊项目、轮岗、实习、展示或会议发言、列席高级会议、教练/指导、对外交流、其他等内容。

附件一：腾讯各级专业/技术人员能力模型关键识别点

评估要素包括七个方面:沟通、影响力、教练/合作、客户导向、解决问题、业务贡献、知识深度与广度。

一、沟通

（一）有效沟通

初做者：掌握基本沟通技巧；能够清楚表达工作内容和个人观点。

有经验者：能够主持小型会议。

骨干：能够规划/管理团队沟通；能够主持或在大型会议进行主题陈述。

专家：能够通过与高层协调和沟通，获取必要的资源和支持。

资深专家：能够代表公司对外进行交流和沟通，并捍卫公司利益。

（二）人际理解

初做者：具备基本的礼貌与及时响应效率。

有经验者：能够了解他人，并加以影响或提供服务。

骨干：能够理解他人情感及内容；能够通过合乎逻辑的争辩使他人信服。

专家：能够理解他人深层次意义；能够启发、激励或劝服他人。

资深专家：能够了解人们的驱动力而改变人的行为。

二、影响力

（一）结果影响

初做者：能够根据明确的标准要求和计划完成工作；能为专业领域工作提供有用信息。

有经验者：确保工作具有的可维护、可实施性，满足指标要求。

骨干：专业工作取得较好成绩；对部门决策起有效的影响。

专家：专业工作取得突出成绩；对目标决策起重要影响；搜索专业技术理论并为其应用到其他领域，提供建议。

资深专家：专业工作作为提升服务质量和效能的标杆；对目标决策起直接影响；将专业知识应用到其他领域，提供重要影响建议。

（二）专业方向影响

初做者：理解专业技术并运用到工作中。

有经验者：对专业方向敏感，全面理解专业技术并体现于工作。

骨干：直接影响服务/工作的客户满意度、成本、质量等；对专业工作综合效能有影响。

专家：对专业方向决策起直接影响；对专业领域具有分析和实施/组织实施能力。

资深专家：负责专业领域中长期规划。

（三）组织氛围影响

初做者：对工作认真负责；体现服务、成本意识；积极参加公司活动。

有经验者：良好的工作作风对团队有很好的影响；推动和参加公司活动。

骨干：将良好的服务、成本意识体现于工作、服务中，并对团队有较好的影响。

专家：同骨干。

资深专家：良好工作作风、服务意识和市场意识，对部门起榜样作用。

三、教练 / 合作

（一）下属培养

初做者：向新员工传授经验 / 心得。

有经验者：指导低级别专业人员；必要时承担导师工作。

骨干：培养了一批有经验者；担任新员工的思想导师。

专家：培养了一批骨干；能够作为兼职内部讲师。

资深专家：培养了一批专家。

（二）团队内合作

初做者：能认真对待工作接口；参与团队内 / 间交流；能保密、遵守职业道德。

有经验者：有效利用协作技巧合作；对收集信息能进行分析。

骨干：有效利用协作技巧和团队力量合作；参与外部沟通并收集、利用信息。

专家：在团队中发挥凝聚力；参加专业技术理论研讨。

资深专家：同专家。

（三）跨团队协调

初做者：在工作中注意协作技巧；可对客户进行服务概要介绍。

有经验者：工作中借助集体力量；能对客户做专业指导；对从事专业领域进行介绍。

骨干：详细介绍复杂方面；持续地有效与客户进行专业技术及服务交流沟通。

专家：能对专业领域做详细介绍。

资深专家：领导所在部门专业管理工作；能对多个专业领域及其关系进行详细介绍。

四、客户导向

（一）关注客户需求

初做者：能识别谁是自己的客户，包括内外部客户。

有经验者：能够准确识别客户需求。

骨干：能够主动收集客户反馈，发现改进机会。

专家：同骨干。

资深专家：同骨干。

（二）实现客户需求

初做者：能够对某个客户需求及时作出反应。

有经验者：能够通过良好服务为客户留下深刻印象。

骨干：在问题露出苗头之初就意识到对客户的影响。

专家：能够持续采取措施提高客户服务水平。

资深专家：同专家。

（三）预见客户需求

初做者：在 S2 以上人员指导下，能区分客户优先级。

有经验者：能够持续跟进客户确保问题解决。

骨干：能够系统地设计服务方案。

专家：能够保证提供的客户服务水平保持最佳。

资深专家：同专家。

五、解决问题

（一）思考范围

初做者：根据明文规定和详细的工作指南做出简单选择和判断。

有经验者：工作有规律性，有明确方式，有先例可循；在相似的情况下做出判断和选择。

骨干：遵循公司指导方针和专业原则灵活性处理问题；在已知的范围内寻求解决办法。

专家：能够制定专业领域指导方针；在多变情况下，具有分析性、阐明性、评鉴性和／或建设性的思考。

资深专家：遵循在一个企业文化标准和商业原理的结构内的一般通用法则或原理；具有发展新原理的思考。

（二）集体解决问题

初做者：在一般业务领域中承担一定的作用。

有经验者：在关键业务领域中承担一定作用和在一般业务任务中承担较重要的作用。

骨干：在关键业务领域中承担较重要作用或在一般业务领域中起骨干或组织领导作用。

专家：在关键业务领域中承担重要作用或在一般业务领域中起组织领导作用或技术顾问作用。

资深专家：在关键业务领域中承担领导作用或专业技术顾问。

（三）独立解决问题

初做者：能在 S2 及以上的指导下解决业务范围内的专业领域某一方面问题；能独立处理和解决专业领域例行的问题和操作问题。

有经验者：能在 S3 及以上指导下解决专业领域某一方面问题和难点；能独立处理和解决服务／业务问题和难点。

骨干：能及时解决有一定复杂程度的专业领域某一方面问题和难点；能独立处理和解决有较大影响的问题和难点。

专家：能独立及时解决较复杂的专业领域问题和难点；能独立处理和解决较重大问题。

资深专家：能独立迅速解决复杂的专业领域问题和难点；能独立处理和解决重大问题。

（四）预见与避免错误

初做者：能避免重复犯同样的错误。

有经验者：能运用经验发现避免一些常规专业问题。

骨干：能运用技巧和经验发现并避免较复杂的专业问题。

专家：能在较大问题发生前识别并预见其可能性，制定并实施避免问题发生的方案。

资深专家：能分析复杂环境或新专业技术，预见潜在问题和趋势，评估机会、影响及风险。

六、业务贡献

（一）目标/决策贡献

初做者：理解和支持团队/部门决策；能够根据部门目标要求协调本职工作优先级；能根据需求及时调整工作

有经验者：同初做者。

骨干：能领导一个小型专业领域/专业领域某一方面工作；能制定并把握团队相关部分工作计划、进度及成本目标；能迅速根据需求参与团队/部门目标确定和决策；参与业务领域预算。

专家：能领导一个中型专业领域/专业领域某一方面工作；能制定并把握团队相关部分的工作计划、进度及成本目标；能迅速根据需求推动团队/部门目标确定和决策；参与业务领域内的预算。

资深专家：能领导一个大型专业领域 / 专业领域某一方面工作；能制定并把握本专业领域的全面工作计划及成本目标；能迅速根据需求推动团队 / 部门目标确定和决策；可制定本领域内预算。

（二）文档 / 流程贡献

初做者：能有效完成工作文档。

有经验者：能对流程 / 规范提出可供参考的改进建议。

骨干：注重推动职能范围内工作文档的建设；具有一定评审能力并参与评审；对流程 / 规范提出有效的改进建议。

专家：有效推动、完成职能范围内的文档工作；负责较高的专业领域方案 / 计划 / 业务产出 / 文档 / 资料评审组织 / 推动技术共享；参与 / 推动相关流程 / 规范的改进。

资深专家：有效推动部门或职能范围内工作文档体系建设；负责全面系统的需求分析和系统总体方案 / 计划 / 技术输出 / 文档 / 资料评审；引导技术共享；组织 / 推动相关流程 / 规范的改进。

七、知识深度与广度

（一）知识深度

初做者：能够运用本职工作必需的知识（技能、方法、工具和流程）。

有经验者：能灵活运用和不断提高本职工作相关知识（技能 / 方法 / 工具 / 流程）。

骨干：在某关键专业技术上有专长和较深造诣。

专家：在公司某专业技术学科被视为权威人士。

资深专家：在某专业技术领域被视为领导性权威人士。

（二）知识广度

初做者：能够学习和掌握本职工作必需的知识（技能/方法/工具/流程）。

有经验者：能够学习和掌握本职工作需要的相关知识（技能/方法/工具/流程）。

骨干：能够在某一专业技术学科识别关键技术点及其潜在价值。

专家：能跨多个专业技术学科识别关键技术点及其潜在价值；能够识别业界重要的新出现的技术，领导分析其影响、构成，对在专业领域中应用提供帮助。

资深专家：能跨公司不同部门和专业，识别关键技术点及其潜在价值；识别业界重要的新出现的技术，领导分析其影响、构成，对在专业领域中应用提供帮助。

附件二：员工职业发展方式参考

【使用说明】：

1. 职业发展规划的目的是提升员工能力，因此发展方式包括但不仅限于以下各种方式。

2. 主管与员工根据个人实际情况，参考以下发展方式，灵活制定适合自己本阶段发展的方式。

3. 员工个性化的发展方式要落实到员工个人的具体行为上，要充分体现应知、应会、应做、常做和做得好的原则。

4. 涉及使用公司资源的个人发展方式，还需要部门和公司根据实际的资源/预算，统筹规划，整体实施。只涉及 TEAM 和员工本人的发展方式，一旦批准可自行开展。

5. 发展规划制定后，在整个发展规划期间，员工根据实际执行情况记录下每一项发展活动实施情况，这些记录将作为员工将来职级晋升评审的重要依据。

表1 员工职业发展方式参考表

能力评估要素		发展方式		
^		培训	实践	
^		^	类型	说明
领导力	沟通	《高效会议管理》《沟通技巧》	主持会议	在工作中就某些问题组织小型会议讨论；主持部门或 TEAM 的正式或非正式会议
^	^	^	展示/会议发言	在部门或 TEAM 会议上进行正式的发言和分享
^	^	^	列席高阶会议	参加高阶会议，具备更高层次对话能力
^	^	^	对外交流	参加专业上对外会议或培训等交流，提升对外交流能力
^	影响力	《演讲呈现技巧》《高绩效团队管理》（仅限职业目标在3级以上者选择）	自学	阅读相关影响力书籍
^	^	^	特殊项目	参加或领导跨部门或 TEAM 的项目，熟悉在非正式组织架构下工作模式；给予一些有挑战性的工作，通过完成的工作质量，提升其对专业结果的影响力
^	^	^	标杆学习	通过观察、揣摩、请教，向公司/部门内这方面做得比较出色的同事学习
^	^	^	特殊小组或委员会	参与公司或部门职业发展委员会通道分会工作，提升对专业方向影响力
^	^	^	团队建设	组织部门或 TEAM 的团队建设活动，提升组织氛围影响力

续表

能力评估要素		发展方式		
		培训	实践	
			类型	说明
业务导向	教练/合作	《企业教练与指导》（仅限职业目标在3级以上者选择）	教练指导	担任新员工或低级别员工导师，至少培养过一名低级别员工成长；开发课程，担任公司或部门内授课任务
			特殊项目	参加或领导跨部门或TEAM的项目，熟悉在非正式组织架构下工作模式
			展示/会议发言	对内/外部客户正式交流中，做展示或介绍发言
	客户导向	《客户服务意识》《腾讯产品与业务体系介绍》	自学	阅读有关方面的书籍
			轮岗/实习	通过相关岗位轮换、实习，提升其换位思考能力
			标杆学习	通过观察、揣摩、讨教，向公司/部门内这方面做得比较出色的同事学习
	解决问题	《问题分析与解决技巧》《创新技能》《六顶思考帽》	压担子	
			写文档	
			对外交流	
	业务贡献	《项目管理基础班》《项目管理实操班》（仅限职业目标在3级以上者选择）《目标与任务管理》《成本与预算管理》（仅限职业目标在3级以上者选择）《流程管理核心理念和方法》《腾讯工作文档撰写规范》	特殊项目	参加或领导公司/部门/TEAM级项目；写文档
			写文档	撰写本专业领域内相关制度/流程/手册/课件等文档

续表

能力评估要素		发展方式		
		培训	实践	
			类型	说明
知识深度与广度	知识深度	参考附件一	理论学习	学习本专业内前沿理论知识和方法论；获取本专业领域内权威的资格认证
			轮岗/实习	通过本专业领域内岗位轮换、实习，加深个人知识深度
			对外交流	参加跨专业领域内对外交流，加深专业领域广度和视野
	知识广度	参考附件一	理论学习	学习跨专业内前沿理论知识和方法论；
			轮岗/实习	通过相关岗位轮换、实习，拓宽个人知识广度
			对外交流	参加跨专业领域内对外交流，拓宽专业领域广度和视野
素质	责任心 诚实正直 学习能力 成就动机	《职业道德与腾讯高压线》《责任心与敬业精神》	特殊项目	参加或领导跨部门或TEAM的项目，熟悉在非正式组织架构下的工作模式
			标杆学习	通过观察、描摹、讨教，向公司/部门内这方面做得比较出色的同事学习
			自学	阅读相关腾讯企业文化材料及相关书籍；推荐书目：《积极心态的力量》《诚信的种子》《把信送给加西亚》《细节决定成败》

腾讯秘书职业发展规划书

腾讯公司（秘书）员工职业发展规划书

表1 员工基本情况表

基本信息	部门： 姓名： 发展规划时间： 年 月— 月		
目前定位	职业发展通道：	职位： 职级：	子等：
发展目标	[□巩固现级别 □向上级别发展 □跨通道发展]		
	职业发展通道：	职位： 职级：	子等：

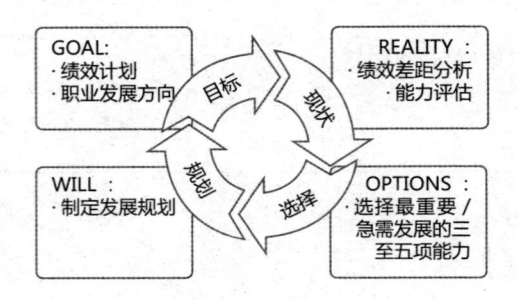

图1 绩效发展面谈 GROW 模型

职业发展规划 / 执行 / 评估总流程

- 规划：制定职业发展规划（二月/八月完成）。

PDI：主管和员工共同制定员工个人职业发展规划。

面谈结束后，于表 2 签名，以示个人规划阶段完成。

CDM：根据公司现有资源，整合所有员工发展规划，形成公司／通道／部门整体员工发展规划，员工依次执行。

• 执行：规划执行跟踪（三月至八月／九月至二月完成）。

员工记录每一项发展规划执行情况和具体实施时间。

员工对每一项发展规划实施效果做简单评估。

• 评估：年中／年底效果评估（八月／二月完成）。

主管和员工在下次 PDI 评估半年发展规划执行效果。

于表 2 签名，以示年中／底效果总体评估阶段完成。

表 2 评估情况签名表

	员工签名	日期	主管签名	日期
职业发展规划（三月／八月）				
年中／年底评估（九月／二月）				

表 3 员工能力评估／绩效分析表

一、能力评估部分（根据目标职业等级的能力标准，评估每个要素的达标情况，选出接下来半年最重要／急需提升的三项能力）			
能力评估要素		能力评估	勾出最重要／急需提升的三项能力
知识	√各种必备知识（详见标准要求）	□不符合□部分符合□符合□完全符合	

续表

能力评估要素		能力评估	勾出最重要/急需提升的三项能力
技能	√计算机操作	□不符合 □部分符合 □符合 □完全符合	
	√英语能力	□不符合 □部分符合 □符合 □完全符合	
工作管理	√提高流程的工作效率	□不符合 □部分符合 □符合 □完全符合	
	√培养有效的工作关系	□不符合 □部分符合 □符合 □完全符合	
	√信息管理	□不符合 □部分符合 □符合 □完全符合	
	√文档管理	□不符合 □部分符合 □符合 □完全符合	
	√文本制作	□不符合 □部分符合 □符合 □完全符合	
	√日常事务管理	□不符合 □部分符合 □符合 □完全符合	
	√会务管理	□不符合 □部分符合 □符合 □完全符合	
素质	√服务精神	□不符合 □部分符合 □符合 □完全符合	
	√团队合作	□不符合 □部分符合 □符合 □完全符合	
	√成就导向	□不符合 □部分符合 □符合 □完全符合	
	√影响力	□不符合 □部分符合 □符合 □完全符合	
	√主动性	□不符合 □部分符合 □符合 □完全符合	

二、绩效分析部分（分析半年考核结果，找出最重要且最急需改进的三项绩效差距，填写在下面的空格内）

1.

2.

3.

表 4　员工职业发展规划表

（一）规划：制定职业发展规划（主管和员工根据最重要/急需提升的三项能力和三项绩效差距，共同制定具体提升措施）			
提升措施		预计实施时间	落实所需相关部门/人的支持
☆类型	具体措施		
（二）执行：规划执行跟踪（员工对每项措施具体实施情况、时间进行记录，并简单评估效果）			
具体实施情况记录	实施时间	相关交付文档	效果评估
（三）评估：年中/年底效果评估			
员工自评			主管评价

备注：提升措施"类型"请填写：培训、自学、标杆学习、特殊项目、轮岗、实习、展示或会议发言、列席高级会议、教练/指导、对外交流、其他等内容。

附件一：腾讯基础类秘书标准

腾讯秘书能力模型项包括四个方面：知识、技能、工作管理、素质。

一、知识

（一）标准要素

掌握和应用工作中必需的基本知识。

（二）评估要素

必须具备时间管理、有效沟通、人事管理指南、文档管理、组织气氛建设、公司产品介绍、成本控制、秘书任职标准等知识。

二、技能

（一）标准要素

掌握工作中所需的计算机操作技能；掌握职责范围内所需要的基本英语技能。

（二）评估要素

1. 计算机操作评估要素
- 熟练掌握 Word、Excel、Powerpoint 应用技巧。
- 能够熟练应用公司办公平台，掌握网络知识。
- 具备一定的打字速度。

2. 英语能力评估要素
- 依赖词典或相关工具，能读懂与工作相关的简单外文资料，不产生重大歧义。

- 能进行简单基本的会话，基本能表达完整的意思。

三、工作管理

（一）标准要素

提高流程的工作效率；培养有效的工作关系；信息管理；文档管理；文本制作；日常事务管理；会务工作。

（二）评估要素

1. 提高流程的工作效率评估要素

（1）组织好自己的工作

- 熟悉并根据既定的流程完成工作。
- 运用适当方法处理例行及例外事务。
- 按照时间分配原则，有序地组织自己的工作。
- 根据需要建立常用的模板及工作程序，提高效率。
- 及时总结经验，将经验文档化，并与同事共享。

（2）开发自我以提高绩效

- 了解岗位职责和要求，明确本岗位发展方向。
- 明确自己在培训和工作改进方面的需求，经相关人员同意后，积极参与培训。
- 与相关人员讨论确定阶段性自我提升计划，付诸行动并及时总结。
- 建立并保存关于学习和工作经历的个人档案。

2. 培养有效的工作关系评估要素

（1）积极培养和维系有效的内部工作关系

- 热情地为员工提供其所需的信息、帮助或解决途径。
- 协助主管安排日常行政事务,并提供及时有效的支持和帮助。
- 发现影响工作关系的各种问题,主动解决或者及时反馈给相关人员。
- 采用合适的交流和沟通方式,推动组织氛围的建设。

(2)建立顺畅的外部工作关系

- 积极响应相关部门及公司外的需求,合理地提供所需信息及帮助。
- 礼貌地接待来访者,注意遵守接待流程、礼仪。
- 如遇自己职责之外的情况,提交给相关人员处理。

3. 信息管理评估要素

(1)信息的接收、获取和整理

- 主动掌握与工作相关的各类信息来源和渠道。
- 接收、获取来自各类渠道的信息。
- 检查、筛选、分类整理信息,及时更正或汇报错误信息。

(2)信息的传送与跟踪

- 在指定的期限内,选择适当的方式准确地提供信息到指定部门或人员。
- 理解信息,主动对信息进行处理,并及时传递给相关人员。
- 跟踪信息的处理情况,并适时反馈。

(3)信息库的建立与维护

- 根据规定选用合适的软件及方法建立并维护个人信息库,能够通过有效的查询方法查找数据及信息。
- 按照既定的方法维护公共信息库。

•重要信息及时备份，并掌握合适的恢复方法和途径，保护信息及信息库不受损失。

（4）信息的安全与保密

•熟悉各类保密制度。

•保证所建立或维护的信息系统的安全与保密。

•保证信息传递和跟踪过程中的安全与保密。

4．文档管理评估要素

（1）文档的分类及存储

•掌握公司及部门文档的分类标准，制定规范的文档分类路径，并定期维护。

•及时、正确地按照分类路径存储文档，并保证文档的安全、完整、有效。

（2）文档的查阅

•根据需要，迅速查找到相关文档，并及时传递。

•保证所提供文档的完整、准确。

•对保密文档的查阅和传递应符合公司规范和要求。

（3）文档的归档及销毁

•按要求定期对文档进行归档，并做好记录。

•按要求及时对文档进行销毁，并做好记录。

5．文本制作评估要素

（1）制作文本

•掌握公司及部门行文规范和模板。

•理解制作文本的要求，运用适当的工具或软件，及时将所提供的材料，制作成文本。

- 根据部门需求，拟制公文。
- 对所制作的文本进行检查及复核，确保文本的正确性。
- 保证文本制作过程的安全与保密。

（2）制作文本副本

- 根据要求制作文本副本，并按要求加以整理或封装。
- 对副本的数量和质量进行核对，最大限度地避免材料浪费。
- 保证副本制作过程的安全与保密。

6. 日常事务管理评估标准

（1）协助主管进行员工管理

- 熟悉公司相关管理制度，宣传、接受和处理员工咨询。
- 进行考勤管理，及时维护考勤数据。
- 进行部门例行考评的提醒、跟踪及汇总。
- 协助收集部门培训需求并组织培训。
- 及时准确地跟踪、记录员工的各类人事变动，并处理相关事宜。

（2）辅助财务管理

- 熟悉公司相关管理制度，宣传、接受和处理员工咨询；具备良好的成本意识，协助主管进行费用控制。
- 驻外机构及时办理三证（驻外机构登记证、组织机构代码证、税务登记证）的开户、年审，接待三证主管机关（经协、工商局、税务局）检查指导工作，每月按时报税。
- 合理利用部门活动经费。

（3）办公用品及设备管理

- 根据需求，申购、领用办公用品及设备。
- 监控并维护各类办公用品及设备的日常使用情况，保证资源的有效利用。

• 协助建立并及时更新资产台账，及时处理资产的转移、清退、报废、调拨、并定期盘点。

（4）办公环境维护及管理。

• 监督和维护工作场所的整洁、有序。

• 维护工作场所内人员、物品、信息的安全。

• 向适当人员报告自己无法控制的影响工作效率的办公环境问题，并跟踪解决。

7. 会务工作评估要素

（1）会前准备

• 明确会议目的及要求。

• 配合会议需求准备各项资源。

• 通知与会人员会议的时间、地点、议程等事项，并确认与会人员准时到会。

（2）会中协调

• 检查并保障会议所需的各项资源正常运作。

• 跟进会议议程，确保会议顺利进行。

• 及时准确地为与会人员提供会议相关信息。

• 灵活有效地处理例外事项，对自己无法处理的事情，及时汇报至相关人员处。

• 根据需要，记录并整理会议内容及决策。

（3）会后整理

• 清理会议使用完毕的资源，结算费用。

• 根据要求整理输出会议相关资料并跟踪。

• 根据需要总结会务情况。

（4）会议安全

• 保证会议场地的选择、会场设施及布置、会议通知发放的安全和保密。

• 保证会议全程的安全和保密。

• 保证会议资料、会议纪要的安全和保密。

四、素质

（一）标准要素

能够主动培养该职位必需的良好的职业素养。

（二）评估要素

• 服务精神：对客户需求提供有效的信息、友善的帮助，使客户了解相关规定；不推卸责任，采取不袒护自己的行动，满足客户合理要求。

• 团队合作：愿意与他人合作，支持团队决定，在他人需要时提供帮助；与他人分享相关工作信息（工作要求、进度等）。

• 成就导向：努力将工作做得更好或达到某个优秀的标准，表现出对成功的渴望和热忱。

• 影响力：陈述意图，表达出希望对方接受自己观点的愿望。

• 主动性：自觉投入更多的努力去从事工作，对现有的机会有清醒的认识并采取行动。

附件二：秘书培训课程清单

表1 秘书培训课程清单

培训模块	课程名	课程内容
基础培训课程	腾讯公司基本制度培训	介绍人事制度，财务制度，行政制度等
	腾讯公司企业文化培训	介绍企业文化背景，内涵，推行等
	腾讯公司产品和业务介绍	介绍公司业务和各项产品的应用
	办公设备使用与维护指南	介绍公司办公设备如电话机、传真、复印机、打印机的正确使用及会议设备的应用
	人身安全与护理基本知识	介绍基本安全知识及急救等应急措施
	流程基础知识培训	介绍公司流程概况
素质课程	秘书职业发展与积极心态	强化秘书职业的责任心和敬业精神，压力情绪的管理，保持积极心态
	沟通技巧	介绍沟通小技巧，加强与人的交流能力
	目标管理	结果导向，提高效率
知识、技能及工作管理	公文写作技巧	通知、总结、报告等的写作格式、技巧等
	文档管理	包括文档的整理，存档，信息的收集，保密性的处理等
	细节管理	包括电话、信件、邮件、接待、日程安排等的细节处理
	时间管理	如何高效利用时间，提高工作效率
	组织气氛建设	如何营造部门气氛，加强团队凝聚力
	预算方法与管理	经费的预算方法
	公司接待礼仪及规范	介绍公司接待流程，明确接待礼仪
	办公软件应用技巧	包括word/excel/PowerPoint/数据库等
	腾讯OA平台应用	OA的操作和应用
	排版编辑技巧	版面的设计，美化技巧
	会务管理	包括会务的全程安排，其他组织活动策划
	任务管理	有序，合理管理任务
	英文培训	主要是日常口语的训练及英文商务信函的写作

备注：根据目前公司所有秘书的就位情况（都就位于 1~3 级，全部归属于基础类秘书），重点整理了基础类秘书培训课程清单。此处 1~3 级不同级别间没有体现培训课程的差异，是鉴于秘书职业的特殊性，所列课程都为秘书所必备知识，差异主要体现在对相同技能掌握要求的高低不同。在今后的培训实施中，也将针对秘书个体强弱项进行有针对性的培训。

腾讯员工职业发展规划书填写指南

腾讯员工职业发展规划书填写一般分为七个步骤。下面结合实例进行说明。

第一步：填写个人信息。

温馨提示：职级的提升才是"向上级别发展"。子等的变化仍然选"基因现级别"。而且职级的晋升是要通过较多的磨炼，相对比较困难。

腾讯公司员工职业发展规划书

表 1　员工基本情况表

基本信息	部门：　　姓名：　　发展规划时间：　年 月— 月
目前定位	职业发展通道：　　职位：　　职级：　　子等：
发展目标	□巩固现级别　　□向上级别发展　　□跨通道发展
	职业发展通道：　　职位：　　职级：　　子等：

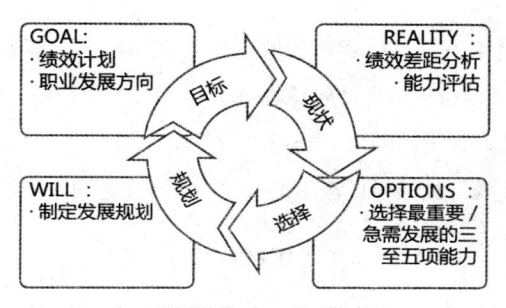

图 1　绩效发展面谈 GROW 模型

职业发展规划 / 执行 / 评估总流程

- 规划：制定职业发展规划（二月 / 八月完成）。

PDI：主管和员工共同制定员工个人职业发展规划。

面谈结束后，于表 2 签名，以示个人规划阶段完成。

CDM：根据公司现有资源，整合所有员工发展规划，形成公司 / 通道 / 部门整体员工发展规划，员工依次执行。

- 执行：规划执行跟踪（三月至八月 / 九月至二月完成）。

员工记录每一项发展规划执行情况和具体实施时间。

员工对每一项发展规划实施效果做简单评估。

- 评估：年中 / 年底效果评估（八月 / 二月完成）。

主管和员工在下次 PDI 评估半年发展规划执行效果。

于表 2 签名，以示年中 / 年底效果总体评估阶段完成。

表 2　评估情况签名表

	员工签名	日期	主管签名	日期
职业发展规划（三月 / 八月）				
年中 / 年底评估（九月 / 二月）				

第二步至第四步：

- 根据员工发展目标职级所对应的附件一的关键识别点，对员工进行能力评估，子等无关键识别点。
- 根据能力评估的结果，选择出最重要/急需提升的三项能力。
- 根据绩效考核结果，选出最重要/急需改进的三项绩效差距。

表3　员工能力评估/绩效分析表

一、能力评估部分（根据目标职业等级的能力标准，评估每个要素的达标情况，选出接下来半年最重要/急需提升的三项能力）				
能力评估要素			能力评估	勾出最重要/急需提升的三项能力
（一）领导力	沟通能力	√有效沟通	□不符合□部分符合□符合□完全符合	
		√人际理解	□不符合□部分符合□符合□完全符合	
	影响力	√工作结果影响	□不符合□部分符合□符合□完全符合	
		√专业方面影响	□不符合□部分符合□符合□完全符合	
		√组织气氛影响	□不符合□部分符合□符合□完全符合	
	教练/合作	√下属培养	□不符合□部分符合□符合□完全符合	
		√团队内合作	□不符合□部分符合□符合□完全符合	
		√跨团队协调	□不符合□部分符合□符合□完全符合	

续表

能力评估要素			能力评估	勾出最重要/急需提升的三项能力
（二）业务导向	客户导向	√关注/实现/预见客户需求	□不符合□部分符合□符合 □完全符合	
	解决问题	√思考范围	□不符合□部分符合□符合 □完全符合	
		√独立解决问题	□不符合□部分符合□符合 □完全符合	
		√集体解决问题	□不符合□部分符合□符合 □完全符合	
		√预避错误	□不符合□部分符合□符合 □完全符合	
	业务贡献	√目标/决策贡献	□不符合□部分符合□符合 □完全符合	
		√文档/流程贡献	□不符合□部分符合□符合 □完全符合	
（三）知识深度与广度		√知识深度	□不符合□部分符合□符合 □完全符合	
		√知识广度	□不符合□部分符合□符合 □完全符合	
（四）职位族素质要求		√责任心	□不符合□部分符合□符合 □完全符合	
		√学习能力	□不符合□部分符合□符合 □完全符合	
		√诚实正直	□不符合□部分符合□符合 □完全符合	
		√成就动机	□不符合□部分符合□符合 □完全符合	
二、绩效分析部分（分析半年考核结果，找出最重要且最急需改进的三项绩效差距，填写在下面空格内）				
1.				
2.				
3.				

第五步至第七步：

• 参照附件的职业发展方式，主管对员工的能力发展制定具体的提升措施。

温馨提示：公司资源有限，涉及到要用公司资源的措施，如培训要少而精。

• 平时员工应对实施的发展措施进行记录与评估。

温馨提示：这些记录在将来职级晋升评审时是重要参考，要认真填写。

• 每年年中 / 年底对半年能力发展情况进行总结评估。

表4 员工职业发展规划表

（一）规划：制定职业发展规划（主管和员工根据最重要/急需提升的三项能力和三项绩效差距，共同制定具体提升措施）		
提升措施		预计实施时间	落实所需相关部门/人的支持
☆类型	具体措施		

（二）执行：规划执行跟踪（员工对每项措施具体实施情况、时间进行记录，并简单评估效果）			
具体实施情况记录	实施时间	相关交付文档	效果评估

续表

（三）评估：年中／年底效果评估	
员工自评	主管评价

备注：提升措施"类型"请填写：培训、自学、标杆学习、特殊项目、轮岗、实习、展示或会议发言、列席高级会议、教练／指导、对外交流、其他等内容。